À Manuel, mon fils

Merci à Valérie Limantour-Clech pour son étroite et amicale collaboration

Conception graphique - montage : Didier Gatepaille
Photogravure : Graphocoop 47 Agen

Achevé d'imprimer en juin 2002 par EGEDSA, Espagne.

Françoise Genevois

Copain de la Bretagne

Le guide des jeunes explorateurs

Illustrations

Étienne Butterlin, Jean-Philippe Chabot, Benoît Charles, Michel Diament,
Anne Eydoux, Vincent Jagerschmidt, Régis Mac, Frédéric Pillot, Nathaële Vogel

MILAN

Éditions Le Télégramme

Bienvenue en Bretagne

À toi qui vis ici ou qui viens en vacances, la Bretagne te souhaite la bienvenue ! Tu verras que cette région a plus d'un tour dans son sac pour se faire aimer de ceux qui partent à sa découverte.

Belle, diverse, émouvante, la Bretagne ne laisse jamais indifférent, tant elle donne à rêver et à sentir. Si tu aimes bouger, tu vivras des tas d'aventures entre tes parties de pêche, tes baignades et tes cours de voile, tes balades le long de la côte ou à l'intérieur des terres.

Si tu adores la nature, tu seras émerveillé par la richesse de la faune et de la flore bretonnes et tu auras envie de mieux les connaître pour les protéger.

Tu t'intéresses à l'histoire, à la musique ou à la vie d'autrefois ? Alors tu seras fasciné par ce pays de légendes, aux coutumes et aux traditions bien vivantes.

Quels que soient tes goûts ou tes désirs, la Bretagne t'offrira beaucoup de moments de plaisir et de bonheur.

Bonne découverte !

Sommaire

Mode d'emploi

Voici quelques clés pour bien utiliser ton livre.

 ● Ce petit carnet signale un encadré « à savoir » : il te donne des renseignements sur un sujet précis.

 ● Ce personnage signale un encadré « information milieu marin ».

 ● Ce personnage signale un encadré « information milieu terrestre ».

 ● Un encadré rouge et blanc te signale une activité.

Bienvenue en Bretagne

Située à l'ouest de la France, la Bretagne est cette péninsule qui plonge ses rivages dans l'océan, là-bas au bout du bout de l'Europe. Parler d'elle, c'est parler de la mer et des vents qui ont façonné, pendant des siècles, la grandeur sauvage de ses côtes. Parler d'elle, c'est ne pas oublier l'intérieur des terres, le charme caché de ses forêts et la poésie de ses landes. Pars vite à sa découverte : la Bretagne t'attend pour te montrer sa beauté, sa force, son âme.

Cap à l'ouest

Sur une carte de France, tu situeras
vite la Bretagne car elle a une position
et une forme particulières. Regarde
à l'ouest : la péninsule en forme de nez
qui s'avance loin dans la mer, c'est elle !
Pour fixer ses limites, c'est moins facile,
car ses frontières ont bougé au fil de l'histoire.

Quatre départements

La Bretagne est composée de 4 départements : le Finistère,
les Côtes-d'Armor, le Morbihan et l'Ille-et-Vilaine, avec Rennes
comme capitale. Si tu vois apparaître la Loire-Atlantique
sur les cartes de Bretagne, c'est que ce département en fait
historiquement partie. Nantes en était la capitale, et fut,
pendant des siècles, la ville des ducs de Bretagne.
Depuis 1941, la Loire-Atlantique dépend administrativement
d'une autre région, celle des Pays de la Loire.

Le Finistère

Son nom signifie « la fin de la terre », et pour cause :
il est situé à l'extrême pointe de la Bretagne. On distingue
la partie sud, plus douce, baignée par l'Atlantique, et la partie
nord, plus âpre, bordée par la Manche. Ces 2 régions sont
d'ailleurs séparées par la chaîne des monts d'Arrée. Les falaises
de la presqu'île de Crozon, la pointe du Raz ou la rade
de Brest sont quelques exemples du littoral finistérien.

Les falaises de la presqu'île de Crozon figurent parmi les plus hautes de Bretagne.

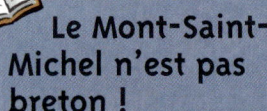

Le Mont-Saint-Michel n'est pas breton !

Le découpage administratif
de la France au XIXᵉ siècle
a placé le célèbre mont
dans le département
de la Manche,
en Basse-Normandie,
et non en Ille-et-
Vilaine. Il est donc
officiellement
normand.

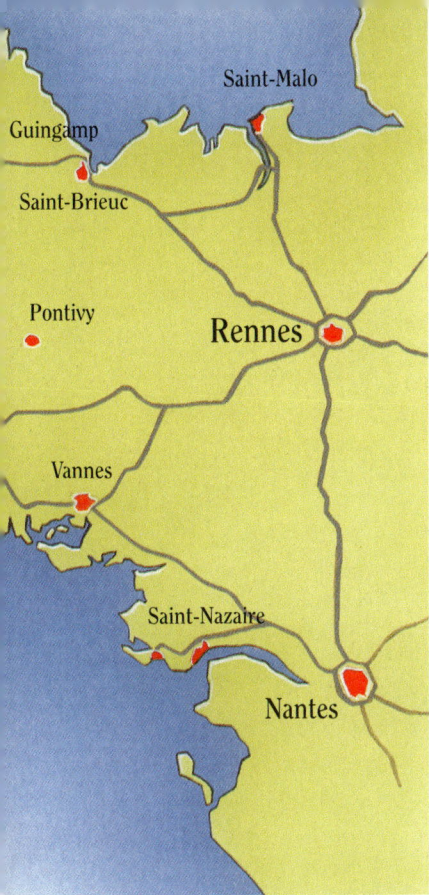

Les falaises du cap Fréhel.

Les Côtes-d'Armor

Appelé autrefois Côtes-du-Nord, ce département longe
la Manche au fil d'une grande variété de paysages marins
qui ont fait la réputation de la Bretagne : falaises du cap
Fréhel, baie de Saint-Brieuc, Côte de Granit rose,
île de Bréhat. Plus secret, l'intérieur des terres cache
une nature sauvage, mêlant crêtes escarpées, landes et forêts.

Le Morbihan

Mor-bihan signifie « petite mer » en breton.
On pense bien sûr au golfe du Morbihan,
parsemé d'îles et d'îlots. Mais le Morbihan,
c'est aussi le pays des mégalithes de Carnac,
des plages fréquentées de la presqu'île
de Quiberon, de Belle-Île la bien nommée.
Côté terre, les landes de Lanvaux mettent
une touche sauvage de landes, de bois
et d'étangs.

L'Île aux Moines, dans le golfe du Morbihan.

Le Val sans retour se trouve en forêt de Paimpont.

L'Ille-et-Vilaine

Du nom des 2 cours d'eau qui l'arrosent !
Le département est un peu la porte d'entrée
de la Bretagne. Son étroite façade maritime
abrite Saint-Malo, la célèbre cité corsaire.
Au centre, s'étend le bassin de Rennes.
Et à la frontière du Morbihan, se trouve
la forêt de Paimpont, la mythique Brocéliande,
la forêt de Merlin l'Enchanteur et de la fée
Viviane, du roi Arthur et de ses chevaliers.

Le Guilvinec, dans le Finistère Sud, est le premier port français de pêche côtière.

Bretagne aux mille visages

Visiter la Bretagne, c'est découvrir une multitude de paysages,
de façons de vivre, de cultures et de coutumes différentes.
De Rennes à Brest, du bord de mer à l'intérieur des terres,
on a l'impression de changer de pays, tout en restant en Bretagne !
C'est ce qui fait la richesse et la force de cette région.

La Côte sauvage de Quiberon, dans le Morbihan.

Armor, le pays de la mer

C'est l'image la plus connue de la Bretagne,
celle qui attire le plus de visiteurs. C'est vrai
qu'il est fascinant, ce pays de la mer, *Armor*
en breton, avec ses 2 730 km de côtes
déchiquetées, ses îles, ses ports, ses marées,
et tous les gens qui vivent là, pêcheurs
et ostréiculteurs, marins et navigateurs.
L'Armor séduit aussi par la variété infinie
de ses paysages : avec ses trois mers,
la Manche au nord, l'Atlantique au sud,
la mer d'Iroise à l'ouest, chaque littoral
a son climat, son identité propre, dans une
succession de falaises abruptes, de criques
et de plages, de côtes rocheuses, de grands
estuaires, de baies tranquilles et de marais.

Argoat, le pays des bois

Cœur de la Bretagne, l'Argoat est un pays rempli de charme et de poésie. Cette région était à l'origine couverte d'une immense forêt. Mais il y a bien longtemps que ce n'est plus le cas et la surface boisée n'occupe aujourd'hui que 10 % du territoire. Posé sur le vieux Massif armoricain, l'Argoat offre une grande diversité de reliefs et de paysages. C'est le pays sauvage des petites montagnes aux crêtes érodées, des landes et des tourbières. C'est la terre du bocage exploité par l'homme, avec ses talus boisés et ses chemins creux. C'est le berceau des rivières qui ont taillé un chemin profond dans la roche pour vite rejoindre la mer.

Haute et basse Bretagne

Cette appellation n'a rien à voir avec l'altitude ! La haute Bretagne est la partie est de la région (Rennes) où l'on parle le français et le gallo. La basse Bretagne est la partie ouest (Brest), celle de la langue bretonne.

Dans les gorges de Toul-Goulic, dans les Côtes-d'Armor, le Blavet disparaît sous un chaos de rochers.

À chacun son pays

En Bretagne, tu t'apercevras que de nombreuses régions ont leur nom propre : Trégor, Léon, Cornouaille, etc. Ce découpage correspond historiquement aux territoires des anciens évêchés bretons. Mais ce n'est pas tout : ces provinces étaient elles-mêmes divisées en une multitude de petits pays à la personnalité bien marquée, ayant chacun son costume, son parler, ses musiques et ses danses. Leurs noms étaient souvent liés à une caractéristique du costume : par exemple, la bigouden, coiffe des femmes de Pont-l'Abbé, a donné son nom au pays bigouden. La région autour de Quimper s'appelle Glazig, « bleu », comme la couleur du costume traditionnel.

Couleurs de Bretagne

Ce n'est pas un hasard si la Bretagne attire tant de peintres et de photographes : le jeu des couleurs y offre un spectacle permanent, à l'image du ciel et de la mer. Vives ou douces, les couleurs bretonnes te donneront envie d'ouvrir grand les yeux, de respirer, de sentir, et de ne pas en perdre une miette !

Au printemps, les ajoncs éclairent la lande.

Jaune : ajonc...

Au printemps, l'ajonc en fleur couvre les landes d'un tapis jaune éclatant, à l'odeur délicate. Autrefois, il était cultivé et servait de fourrage, de litière pour le bétail et de combustible.

... ou ciré breton

Pour se protéger de la pluie et des embruns, rien de tel que le ciré des marins pêcheurs bretons. La couleur jaune permet d'être facilement repéré. En mer, c'est une question de sécurité !

Rouge et vert : balises

En mer, ces 2 couleurs permettent aux bateaux de repérer l'entrée d'un chenal : ils doivent laisser la balise rouge à bâbord (à leur gauche) et la balise verte à tribord (à leur droite).

Des balises à l'entrée d'un chenal

Le homard breton.

Bleu : homard

Il est aussi beau que bon, le homard
breton, avec sa carapace d'un bleu
inimitable. Bleu nuit ? Bleu profond ?
Bleu noir ? À toi d'imaginer
la nuance que tu préfères.
En tout cas, une chose est sûre :
quand on le cuit, le homard
devient tout rouge !

Rose : hortensia

Rose, bleue ou violette, c'est la fleur bretonne
par excellence. L'été, ses arbustes forment
de gros buissons colorés le long des maisons
et des murets.

Des hortensias
en fleur.

Gris : granit

Maisons, monuments, dolmens, rochers…
Le granit est omniprésent en Bretagne,
mais pas toujours gris ! Il peut aussi avoir
des teintes bleues, roses, jaunes ou blanches.
En fait, sa couleur varie selon les minéraux
qui le constituent.

Des bateaux hauts en couleur

Des couleurs vives sur l'eau : ce sont les coques
des bateaux de pêche peintes en rouge
carmin, bleu, vert ou noir.

Le journal de tes vacances

Les vacances, ça passe drôlement vite, surtout
en Bretagne ! Entre la plage et les baignades,
le stage de voile et les balades à pied, la pêche
et les excursions, les fêtes, les sorties à la crêperie
et les musées, tu vis de bons moments,
pleins de surprises et de découvertes.
Et si tu faisais un journal de bord
pour ne pas les oublier ?

Samedi 13 juillet
On est arrivés à Plougasnou,
chez tatie Yvette. Tout à l'heure,
j'ai pris mon premier bain
des vacances, elle était super
bonne, même si Maman pense
le contraire. Tout à l'heure, je vais
m'acheter des bottes et une épuisette
à la coopérative maritime.
C'est le magasin des
marins pêcheurs.

Dimanche 14 juillet
Mon cousin Gwendal m'a appris à pêcher
les crabes avec une ligne. C'est drôlement
facile : on attache une pierre et un bout
de viande à une ficelle, le crabe l'attrape
avec ses pinces, on tire la ligne, et hop !
On en a pêché 7 comme
ça, mais on les a tous
remis à l'eau après.

Lundi 15 juillet
Hier soir, on est allés
à la crêperie. J'ai mangé
une galette jambon-œuf-fromage, et puis une crêpe

chocolat-banane. Comme dirait Papa, la mer, ça creuse !
Et puis ce matin, à l'école de voile, le moniteur nous a expliqué
comment savoir d'où vient le vent. Bon, j'ai pas tout compris,
mais ça va venir !

Mardi 16 juillet
Quand je tire la barre vers moi, j'abats ; quand je pousse
la barre, je lofe. Bâbord, c'est à ma gauche ; tribord,
c'est à ma droite. À apprendre par cœur pour demain.

Mercredi 17 juillet
Comme il pleuvait, on est allés
à Océanopolis, à Brest.
Ce que j'ai préféré, c'est le pavillon
polaire, avec les pingouins et les phoques.
Il paraît qu'en Bretagne, on peut en voir,
des phoques, et aussi des dauphins. Le rêve !

Jeudi 18 juillet
Pêche à la ligne avec Papa au port du Diben. On n'a rien
pris, et Maman a rigolé en disant que les poissonneries
n'avaient pas été inventées pour rien. Non mais !

Vendredi 19 juillet
Hier soir, on est allés à un fest-noz, ça veut dire « fête de nui
en breton. Il y avait des musiciens avec un biniou, un violon
et une bombarde. Tatie Yvette a essayé de m'apprendre une d
bretonne, la gavotte.
C'est comme la voile
c'est un peu
compliqué,
mais ça
va venir !

Le château du Taureau se situe dans la baie de Morlaix.

Ma première régate
au château du Taureau.

Les origines

Pourquoi les côtes de Bretagne sont-elles si variées ?
D'où viennent les formes parfois étranges des rochers ?
Comment se forme une grotte au bas d'une falaise ?
À toutes ces questions, et à bien d'autres encore, l'histoire
géologique de la Bretagne t'apporte des réponses.
En t'y intéressant, tu comprendras mieux les paysages
que tu peux y voir.

Le Massif armoricain

La Bretagne campe sur le Massif armoricain, une région géologique qui occupe également une partie des Pays de la Loire et de la Basse-Normandie. De cette vieille chaîne de montagnes, il ne reste aujourd'hui que des collines de faible altitude, qui constituent l'ossature de la péninsule d'ouest en est : les monts d'Arrée et les Montagnes Noires, les landes du Mené et de Lanvaux. Malgré son relief en apparence heurté, la Bretagne est la région de France où l'altitude moyenne est la plus faible.

Avec ses 384 m, le Tuchenn Gador, dans les monts d'Arrée, est le point culminant de la Bretagne.

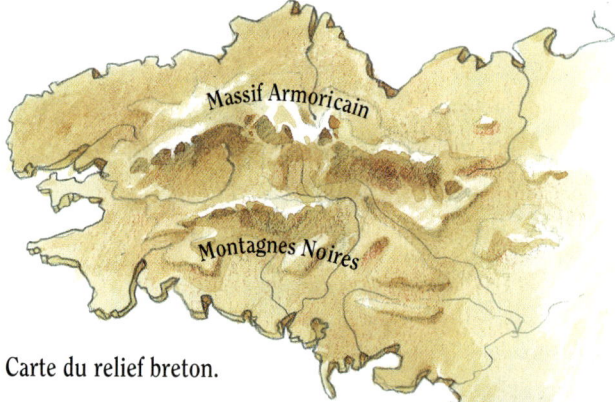

Carte du relief breton.

Les Montagnes Noires, érodées et sauvages.

Le bassin de Rennes est de faible altitude. *Ci-dessus* la ville de Rennes.

Il était une fois...

La frise chronologique du Massif armoricain.

1. Avant l'ère primaire

Les roches les plus anciennes du Massif armoricain datent de 2 milliards d'années. Ce sont les plus vieilles de France !
Une énorme chaîne de montagnes ressemblant à l'Himalaya se forme il y a 600 millions d'années.

2. Pendant l'ère primaire

C'est pendant cette période qu'il se passe le plus de choses. **A.** La chaîne de montagnes s'use presque complètement et est remplacée par une mer peu profonde. Des fossiles et des traces d'anciennes plages témoignent encore de la présence de cette mer.
B. Une autre grande chaîne de montagnes se forme entre 420 et 300 millions d'années.
Il y a de nombreux volcans en activité.
C. À la fin de l'ère primaire, les montagnes s'érodent et laissent la place à de grandes forêts équatoriales.

3. Pendant les ères secondaire et tertiaire

Le Massif armoricain ressemble à ce qu'il est aujourd'hui. Les chaînes de montagnes sont très érodées et subissent des avancées de la mer.

4. À l'ère quaternaire

Des changements de climat associés à des phénomènes de glaciation contribuent à façonner le relief et à lui donner son modelé actuel. À la fin de cette période, les variations du niveau de la mer donnent naissance aux abers et aux rias, ces estuaires profonds dans lesquels les marées remontent loin dans les terres.

1

2A

2B

2C

3

4

Les aiguilles de Port-Coton à Belle-Île.

Un paysage qui bouge

Tu l'as peut-être observé : les paysages de la côte bougent, se transforment. Par exemple, la dune où tu allais faire des roulades a reculé depuis l'an dernier. Et le sentier côtier où tu te promenais a été fermé car il s'est effondré à un endroit. La mer est responsable de ces transformations, mais pas seulement !

Les attaques de la mer

La mer sculpte le littoral depuis des millions d'années. Lentement mais sûrement, les vagues et les courants creusent, sapent, rongent les roches qui ne sont pas aussi indestructibles qu'elles n'y paraissent ! En fait, elles résistent plus ou moins selon leur nature : quand elles sont tendres (comme le schiste), elles finissent par s'éroder ; quand elles sont dures (comme le grès), elles forment les caps et les pointes qui s'avancent dans la mer.

Les vagues s'attaquent à la base de la falaise. Elles forment une fissure, puis une grotte de plus en plus profonde. Avec les eaux d'infiltration, la voûte finit par s'effondrer.

1. Les pointes et les caps s'avancent dans la mer.

2. Les vagues et les courants forment une arche.

3. Quand le toit de l'arche s'écroule, celle-ci devient un îlot isolé.

Le relief de la côte

Si les côtes bretonnes sont très découpées, ce n'est pas seulement à cause des attaques de la mer : la raison première est la remontée du niveau des océans, il y a environ 10 000 ans avant Jésus-Christ, avec la fin d'une période de glaciation et le réchauffement du climat. La mer a alors envahi toute une partie du littoral. Les caps, les écueils et les îlots sont en fait les sommets de collines érodées aujourd'hui sous les eaux. Quant aux îles bretonnes, la plupart étaient reliées à la côte ! La mer a aussi pénétré dans les estuaires des rivières, ce qui a créé les abers bretons (appelés aussi rias).

Pour protéger la pointe du Raz, la végétation a été replantée et les visiteurs marchent sur des sentiers balisés.

Les dunes reculent

Les tempêtes et les grandes marées provoquent l'érosion des dunes. Des vents forts venant de la mer peuvent aussi les faire avancer dans l'intérieur des terres : près de La Baule, le village d'Escoublac a été ainsi enseveli sous le sable. Il est donc primordial de protéger la végétation des dunes, seul moyen de les fixer.

Envasement

Les baies et les estuaires sont des lieux où les sédiments apportés par la mer et les rivières se déposent. Cet envasement ou cet ensablement naturels sont parfois accélérés par l'intervention de l'homme : c'est le cas de la baie du Mont-Saint-Michel, dont l'envasement s'est accentué avec la construction de la digue-route qui relie l'abbaye au continent. Elle nuit à la circulation des marées et des sédiments.

Le Mont-Saint-Michel sera peut-être un jour entouré de prairies !

Roches et minéraux

Granit, grès, ardoise... Ces roches sont indissociables des paysages et de la vie des Bretons. Depuis toujours, elles sont utilisées pour construire les maisons et les monuments.

Les célèbres rochers en granit rose de Ploumanac'h-Trégastel.

Le granit

C'est la pierre de la Bretagne, des menhirs et des dolmens, des maisons, des monuments et des églises. En visitant la Bretagne, tu t'apercevras que le granit a différentes couleurs : il y a le gris de Plounévez-Quintin (Côtes-d'Armor), le rose de la Clarté-Ploumanac'h (Côtes-d'Armor) ou le sombre de Lanhélin (Ille-et-Vilaine).

La maison des Minéraux

Si tu es un passionné de pierres, ne manque pas de visiter la maison des Minéraux, à Crozon. Tu y verras tous les minéraux que l'on peut trouver en Bretagne.

Le kersanton est un granit au grain très fin.

Il a été utilisé pour…

… les sculptures des monuments religieux.

Les falaises du cap Fréhel sont en grès rose.

Le grès armoricain

Très fréquente en Bretagne, cette roche est très dure (5 fois plus résistante que le béton !). Les grès d'Erquy et du cap Fréhel ont servi au pavage des rues de Dinan.

La taille de l'ardoise

Le « fendeur » place la pierre entre ses jambes protégées par un gros tissu. Il frappe avec un maillet sur un ciseau pour séparer l'ardoise en 2 plaques. Puis il égalise les bords. Ce métier traditionnel était très pénible. Aujourd'hui, c'est la machine qui le fait.

L'ardoise

Regarde les toits des maisons bretonnes : ils sont tous en ardoise, une pierre extraite des carrières de schiste ardoisier. L'ardoise de Maël-Carhaix, dans les Côtes-d'Armor, est réputée pour sa grande qualité et sa beauté. Elle a été utilisée notamment pour la nouvelle toiture du Parlement de Bretagne à Rennes et pour celle du château de Chambord.

Le kaolin

C'est de l'argile blanche, issue de la décomposition du granit. Dans le Morbihan, Ploemeur est le premier centre français d'extraction du kaolin, qui sert à fabriquer des céramiques.

Toiture en ardoise.

De l'or breton

Eh oui, il y a de l'or dans certaines rivières bretonnes (Blavet, Odet, Aulne…). Comme l'or est très lourd, il n'est pas entraîné par l'eau et se dépose dans le lit des rivières, sous forme de paillettes et de pépites. Les chercheurs d'or mettent le sable dans une batée (sorte de gamelle arrondie), la font tourner doucement dans l'eau, et séparent peu à peu le sable des paillettes.

Le climat breton

S a réputation n'est pas très bonne auprès de ceux qui pensent qu'il pleut sans cesse en Bretagne. En fait, sous son aspect généralement doux et tempéré, le climat breton cache un sacré caractère : tour à tour lumineux et gris, ensoleillé et pluvieux, paisible et venté, il est tout sauf monotone !

Bretagne tonique

Ni trop chaud ni trop froid, vivifiant, instable, humide et venté, le climat breton est tout cela à la fois. Idéal pour garder la forme et avoir un joli teint !

L'influence de la mer

En Bretagne, la mer n'est jamais bien loin, puisque 100 à 150 km seulement séparent les rivages nord des rivages sud. Cette influence maritime se fait sentir dans toute la région, par un climat dit océanique, doux et humide. En hiver, il ne fait pas très froid et il est rare d'avoir de la neige ! En été, la chaleur n'est pas étouffante car il y a toujours un peu d'air. La mer amène aussi de l'humidité : il pleut régulièrement toute l'année, mais jamais beaucoup à la fois. Tout cela varie un peu selon l'endroit où l'on se trouve en Bretagne : par exemple, la côte sud entre Carnac et Pornic est la région la plus ensoleillée. Les températures sont plus douces sur le littoral qu'à l'intérieur des terres. Les îles sont les endroits où il pleut le moins.

L'influence du Gulf Stream

Le Gulf Stream est un courant chaud du nord de l'océan Atlantique. Il a une grande influence sur le climat breton : sans lui, la Bretagne aurait le même climat que le Canada, et on skierait dans les monts d'Arrée !

Le crachin breton

C'est une petite pluie fine et tiède amenée par le vent du sud-ouest, le suroît, chargé d'air tropical.

Le vignoble nantais

En Bretagne, il n'y a pas assez de soleil pour cultiver la vigne, sauf dans la région de Nantes, qui produit le célèbre vin blanc appelé muscadet.

Des plantes exotiques

Grâce à l'existence de microclimats, des plantes méditerranéennes ou exotiques poussent dans certains petits coins de Bretagne. À Roscoff, tu peux visiter un jardin exotique qui regroupe des plantes de l'hémisphère Sud. En face, l'île de Batz abrite également un jardin exotique, où tu verras des espèces de tous les continents, dont des cactées et des palmiers.

Un jardin sur l'île de Batz.

On peut aussi bien assister à une tempête…

Variations du temps

… que se retrouver à faire du voilier sur une mer d'huile !

Ce qui frappe en Bretagne, ce sont les changements de temps d'un jour à l'autre, voire d'une heure à l'autre. On dit d'ailleurs qu'on peut y voir les 4 saisons dans une même journée, ou que le ciel breton est un spectacle sans cesse différent. Cette instabilité est due aux dépressions : une succession de périodes de ciel clair et de nuages élevés, puis de ciel gris, bas et pluvieux.

Les dépressions

1. Elles se forment sur la mer quand une masse d'air tropical, chaud et humide, et une masse d'air polaire, froid et sec, se rencontrent. Souvent, la masse d'air chaud arrive d'abord : c'est le passage du front chaud, qui apporte un temps doux et pluvieux. **2.** Après quelques heures, l'air chaud laisse sa place à la masse d'air froid : c'est le passage du front froid, qui amène nuages, pluie et vents violents. Puis le front s'éloigne, l'air est limpide comme si on l'avait lavé.

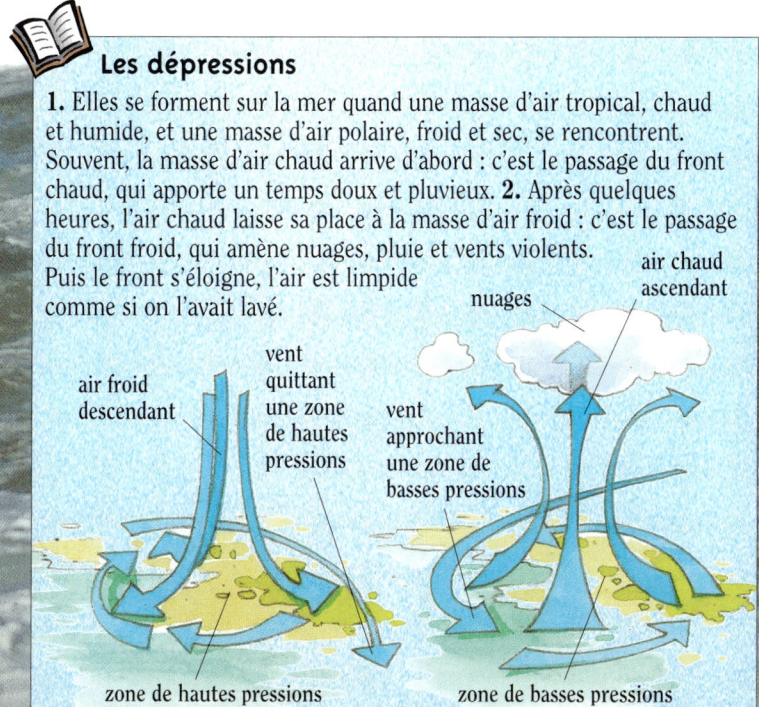

air froid descendant

vent quittant une zone de hautes pressions

vent approchant une zone de basses pressions

nuages

air chaud ascendant

zone de hautes pressions

zone de basses pressions

Vents et tempêtes

Le spectacle de la côte bretonne battue par les vents et les tempêtes fait rêver bien des amateurs de sensations fortes. Mais au-delà de son côté romantique, une tempête peut provoquer des naufrages et des dégâts importants.

Le pays du vent

En hiver, le vent souffle en moyenne 6 jours sur 10 ! Les plus importants viennent de l'ouest. Le suroît (sud-ouest) amène une petite pluie fine et tiède ; le vent d'ouest est toujours fort ; le noroît (nord-ouest) est synonyme de tempêtes et d'averses froides et violentes.

La force du vent

L'échelle de Beaufort (du nom de son créateur, l'amiral Beaufort) permet aux marins de connaître la force du vent et ses effets en mer et sur terre.

Force 0-2
Le vent est nul, la mer est comme un miroir. Les girouettes ne tournent pas.

Force 7-8
La météo parle de coup de vent. La mer est très forte, avec des vagues hautes et longues.

Force 3-4
La brise déploie les drapeaux et forme de petites vagues ornées d'écume blanche. On dit que la mer moutonne.

Force 9-10
Avec un vent atteignant 100 km/h, c'est la tempête. Les vagues sont très hautes et l'écume vole.

Force 5-6
Avec un vent entre 30 et 50 km/h, la mer se creuse et de grandes vagues se forment.

Force 11–12
La tempête devient ouragan, la mer est énorme et l'air rempli d'embruns. Les bourrasques font de gros dégâts à terre.

Les îles de l'extrême ouest de la Bretagne doivent souvent faire face à de terribles tempêtes.

Lors d'une violente tempête, les vagues peuvent dépasser 14 m de hauteur !

Les tempêtes

Les côtes bretonnes sont régulièrement secouées par des tempêtes impressionnantes, qui peuvent provoquer de terribles dégâts et des naufrages meurtriers. Elles ont généralement lieu en hiver et sont le résultat d'une mer très forte et d'un vent violent, qui peut atteindre les 180 km/heure. L'effet d'une tempête est accentué au moment d'une grande marée.

Les vagues et la houle

C'est le vent qui forme les vagues, à force de souffler à la surface de l'eau. Plus il souffle fort et longtemps, plus les vagues vont être hautes. Quand rien ne les arrête, les ondes des vagues continuent à se propager très loin sur la mer, même lorsque le vent ne souffle plus : c'est ce qu'on appelle la houle. Sur un bateau, la houle provoque le roulis (mouvement de gauche à droite) ou le tangage (balancement d'avant en arrière). Gare au mal de mer !

Prévoir le temps

En Bretagne, il est important de savoir le temps qu'il va faire, surtout quand on part pour une balade en mer. Toi aussi, tu peux faire tes propres prévisions, avec quelques connaissances et un bon sens de l'observation.

La valse des nuages

Pour prévoir le temps, apprends à reconnaître les nuages et à suivre leur course dans le ciel.
Voici les 3 grands types que tu pourras observer :

Stratus

Ils sont très bas et forment un voile qui couvre le ciel. Quand ils touchent le sol, le brouillard apparaît. Ils indiquent la dégradation du temps.

Cirrus

Très hauts dans le ciel, ils ressemblent à des filaments très blancs. Ils sont le signe d'un vent fort en altitude.

Cumulus

Ces gros nuages arrondis ressemblent à des boules de coton. Peu nombreux et bien blancs dans un ciel bleu, ils annoncent le maintien du beau temps. Il existe d'autres nuages qui ont des noms et des formes intermédiaires entre ces 3 sortes de nuages.

D'où vient le vent ?

Si tu fais de la voile ou du cerf-volant,
voici quelques « trucs » pour savoir
d'où vient le vent : mouille ton doigt dans
plusieurs directions (lorsqu'il devient froid,
tu es face au vent) ; regarde les girouettes
en haut des clochers des églises
(elles tournent avec le vent et t'indiquent
sa direction) ; sur un bateau, regarde
dans quelle direction flottent les drapeaux
et les rubans accrochés dans les haubans.

Avec la rose
des vents de la boussole,
tu peux savoir d'où vient le vent. C'est une étoile à 16 branches
et à 32 divisions correspondant chacune à une direction
de vent : **N** (nord), **W** (ouest), **S** (sud), **E** (est), **NE** (nord-est
ou nordé), **NO** (nord-ouest ou noroît), **SE** (sud-est ou suet),
SW (sud-ouest ou suroît)…

Observe le baromètre

Le baromètre t'indique comment varie
la pression atmosphérique et t'aide à prévoir
l'évolution du temps. Si la pression s'élève,
il fera beau. Si elle baisse, c'est signe
de mauvais temps. Si elle chute brutalement,
la tempête est proche.

La grande aiguille du baromètre bouge en fonction
de la pression. La petite aiguille sert de témoin. Tous les jours,
il faut la replacer en face de la grande pour suivre
les variations de cette dernière.

La météo marine

Elle fournit plus d'informations que la
météo de la télévision et est indispensable
aux marins pour des raisons de sécurité.
De nombreuses stations de radio diffusent
des bulletins météo à des heures précises.
Ouvre bien les oreilles, car cela va très
vite et le vocabulaire n'est pas évident !
Tu peux aussi aller à la capitainerie
du port où les bulletins météo
sont affichés.

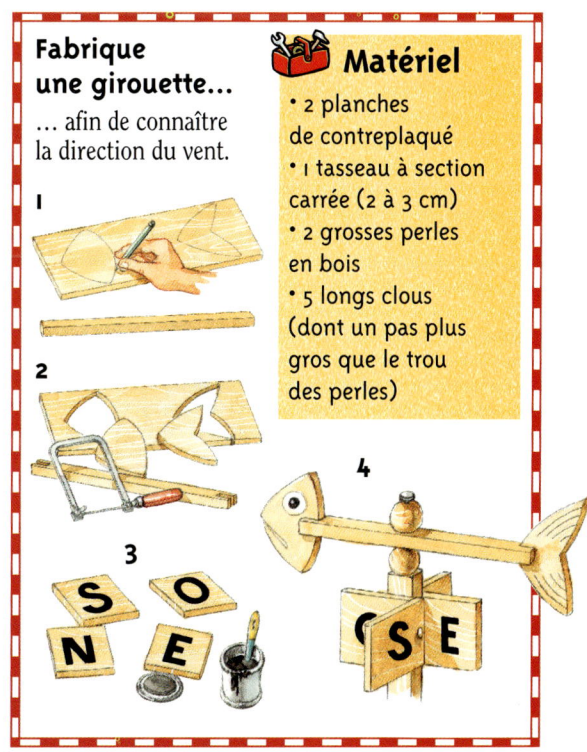

**Fabrique
une girouette…**
… afin de connaître
la direction du vent.

Matériel

• 2 planches
de contreplaqué
• 1 tasseau à section
carrée (2 à 3 cm)
• 2 grosses perles
en bois
• 5 longs clous
(dont un pas plus
gros que le trou
des perles)

Marée de vives-eaux : le Soleil et la Lune sont alignés, la force d'attraction du Soleil renforce celle de la Lune ; l'amplitude des marées est très importante : on les appelle les grandes marées, ou marées de vives-eaux.

Marée de mortes-eaux : le Soleil et la Lune ne sont pas dans le même alignement ; l'attraction de la Lune est presque annulée par celle du Soleil ; le niveau de la mer monte et descend très peu : ce sont les marées de mortes-eaux.

Les marées

La vie quotidienne des côtes bretonnes est rythmée par les marées. À marée haute ou à marée basse, les paysages changent, les activités ne sont pas les mêmes. Pour se baigner, aller à la pêche à pied ou sortir du port en bateau, mieux vaut connaître les horaires des marées !

Marée de mortes-eaux

Le phénomène des marées est dû à l'attraction de la Lune, plus ou moins renforcée par celle du Soleil, sur les océans.

Marée de vives-eaux

Les grandes marées sont très attendues par les amateurs de pêche à pied.

Des coefficients différents

Le coefficient d'une marée te permet de savoir si la mer descend plus ou moins bas, et monte plus ou moins haut. Par exemple, 45 indique une petite marée (de mortes-eaux), 70 une marée moyenne, 95 une grande marée moyenne (de vives-eaux), 120 une grande marée exceptionnelle. Les marées d'équinoxe, en mars et en septembre, sont les plus fortes de l'année.

Des horaires décalés

Le cycle des marées est calqué sur le rythme de la Lune. Il y a 2 hautes mers et 2 basses mers par jour lunaire. Comme le jour lunaire correspond à une période de 24 h et 50 min, les heures de pleine et de basse mer sont décalées d'un jour à l'autre.
La mer met 6 h et 12 min pour monter… et autant pour descendre.

L'annuaire des marées

Distribué dans les syndicats d'initiative, les commerces, ou publié dans les journaux locaux, ce document te permettra de connaître l'horaire des marées et leur amplitude. Indispensable pour organiser tes journées à la mer ! Attention ! Les heures des marées sont différentes selon l'endroit où tu te trouves en Bretagne. Il faut donc que tu prennes comme référence le port de ton secteur.

Les Bretons ont utilisé la puissance des marées de la Manche pour construire des moulins où ils apportaient leur grain à moudre pour faire de la farine. Ici, le moulin à marée du Birlot sur l'île de Bréhat.

Courants de marée

Les variations du niveau de la mer engendrent de nombreux courants qui se déplacent selon les marées. En mer, ils peuvent te faire dériver sans que tu t'en aperçoives, ou bien t'aider à aller plus vite si tu sais les utiliser !

Armor, le pays de la mer

Pêcher des bigorneaux et des crabes, observer
les oiseaux, découvrir les plantes des dunes
et des falaises, avoir la chance d'apercevoir des dauphins
et des phoques… Le littoral breton offre de grands bonheurs
aux amoureux de la nature. Sa beauté exceptionnelle,
la richesse de sa faune et de sa flore te donneront envie
de le connaître, de l'aimer et de le protéger.

Falaises entre terre et mer

Les falaises offrent les paysages les plus
spectaculaires et les plus sauvages des côtes
bretonnes. Dressées entre terre et mer, battues
par les vents et les assauts incessants de la mer,
elles paraissent inhospitalières. Pourtant, la vie
y est bien présente !

Fleurs des rochers

Entre le sol aride, le vent et les embruns
salés, ce n'est pas facile de pousser
sur une falaise ! La végétation est adaptée
à ces conditions de vie particulièrement
rudes. Sur les rochers poussent des lichens
et des mousses. Dans les fentes des rochers
où s'est accumulé un peu d'humus,
il y a des plantes solidement accrochées
par leurs racines. Sur les corniches,
on trouve des petites pelouses d'herbe.
Sur le haut de la falaise, tu verras également
des petites pelouses et de la lande.

Ne cueille rien !

Regarde, touche, sens, mais ne
cueille pas les plantes des falaises !
Et ne les piétine pas ! Elles ont
un rôle très important car, sans
végétation, l'érosion des falaises
s'accentuerait.

Plantes et lichens

De nombreuses espèces de lichens de toutes les
couleurs tapissent les roches, dont la plus connue est
le xanthoria jaune (1). Le lichen est l'association
d'une algue et d'un champignon qui vivent
en symbiose. **La criste-marine (2)**, est surnommée
« casse-pierre » car elle arrive à abîmer l'endroit où
elle pousse avec sa puissante racine. **La spergulaire
des rochers (3)**, avec sa racine épaisse et pivotante,
pénètre dans toutes les fentes des rochers.
Son port couché lui évite d'être arrachée par le vent.
L'armérie maritime (4), est visible un peu partout sur
le littoral. Appelée aussi gazon d'Olympe ou œillet
marin, elle pousse en coussins épais et fait de petites
fleurs roses à la tête arrondie. **La carotte à gomme (5)**,
pousse sur les hauts des falaises. Les fleurs en
ombelles sont blanches et souvent un peu rougeâtres
à cause de l'air marin. **La cinéraire maritime (6)**,
doit son nom à la couleur de cendre de son feuillage.
Accrochée aux rochers, elle forme des petits buissons
veloutés et blanchâtres aux fleurs jaunes.

Du sel en aérosol

On qualifie d'aérohalines
les petites pelouses qui poussent
sur les corniches des falaises.
Aérohalin signifie : « qui est
soumis aux embruns ».
Le sel y est véhiculé sous
forme d'aérosol.

La lande

Au sommet des falaises, la lande
forme d'immenses étendues
de végétation basse, dominée
par l'ajonc et la bruyère.
Autrefois, elle était utilisée
pour le bois de chauffe, la litière
et le fourrage des bêtes.

La faune des sommets des falaises

Le lapin (7). Le renard (8). Le grand corbeau (9), dont la voix grave et rauque permet de le distinguer des corneilles. **Le pipit maritime (10),** le seul passereau tout à fait adapté à la vie dans les falaises. **Un nid de cormoran (11) :** à l'abri des prédateurs, les oiseaux marins comme les cormorans choisissent les falaises pour nicher.

Dans les dunes

Une bonne partie des côtes bretonnes est occupée par les dunes
et les plages de sable, qui forment un monde beau et fragile.
Ici, les plantes et les animaux doivent résister au soleil,
à l'air marin et au manque d'eau.

Vent, sable et végétation

Les plages de sable se forment avec l'accumulation de roches et de coquillages broyés
par la mer et déposés par les courants dans les fonds calmes et plats des baies. Sur ces grandes
plages, le sable se dessèche rapidement à marée basse. Les vents soufflant du large vers
la terre transportent alors les grains les plus fins. Lorsque le sable rencontre
un obstacle, il s'entasse et forme des dunes qui bougent sans cesse
sous l'action de la mer et l'action du vent. La végétation
qui s'y installe peu à peu joue un rôle important :
elle freine le vent et fixe le sable en mouvement.
Sans elle, le vent balaierait le sable
vers l'intérieur des terres,
et la dune reculerait !

Dune mobile

La végétation y est irrégulière et le sable est déplacé par le vent. **Le chiendent des sables (1)** est la plante qui supporte le mieux le sel apporté par les embruns. **L'oyat (2)** puise l'eau douce en profondeur grâce à ses longues racines.

Dune fixée

Le sable se mélange avec de la terre, et de nombreuses plantes peuvent s'installer. **L'immortelle des dunes (3)** : l'été, les petites fleurs jaunes de l'immortelle des dunes ont une odeur épicée qui rappelle le curry. **Le chardon bleu des sables (4)** (ou panicaut de mer) a des feuilles qui s'enroulent sur elles-mêmes lorsqu'il fait très chaud, ce qui lui évite de se dessécher. **La queue-de-lièvre (5)** doit son nom à ses pompons d'un blanc soyeux. **Les escargots des dunes (6)** s'accrochent en groupes sur les tiges des graminées.

Le lézard des murailles (7) se nourrit d'insectes et d'araignées. Quand ils sont trop nombreux, **les lapins de garenne (8)** abîment les dunes en creusant leurs terriers.

Les dunes d'Étel, dans le Morbihan, font partie du plus grand massif dunaire de Bretagne. On y trouve des plantes rares et protégées comme l'œillet de France au parfum suave et le diotis, une jolie plante laineuse d'un blanc bleuté.

Un milieu très fragile

Victime de l'érosion, des tempêtes, mais aussi du piétinement des promeneurs et du passage des voitures et des motos, la dune s'abîme et se déplace. Pour éviter sa disparition, il est indispensable de l'immobiliser en installant des palissades, en replantant de la végétation, et en traçant des sentiers piétonniers. En respectant les recommandations, notamment ne pas cueillir de plantes ni en piétiner, tu participes toi aussi à la préservation des dunes.

Les vasières sont constituées de sédiments très fins qui se sont accumulés dans des endroits calmes et abrités : les estuaires et les fonds de baie, comme celle de Saint-Brieuc.

Dans le Finistère Nord, l'Aber-Wrac'h est l'endroit idéal pour faire de la voile ou du kayak de mer sur des eaux abritées.

Des vasières pleines de vie

Dans les abers et les fonds de baie, la mer se retire en découvrant de grandes étendues de vase qui peuvent te paraître désertes et peu attirantes au premier coup d'œil. Ne t'y trompe pas : c'est un milieu qui regorge de vie.

Les abers bretons

Si tu n'as jamais vu d'estuaires qui se vident et se remplissent d'eau avec la marée, c'est le moment ou jamais de découvrir ce curieux phénomène, avec les abers ou rias bretons.
Dans ces vallées maritimes, le paysage change du tout au tout 2 fois par jour. À marée basse, tu y verras de vastes étendues de vase molle et noirâtre où coule un petit cours d'eau.
À marée haute, l'eau recouvre tout et la mer pénètre loin dans les terres, parfois sur plusieurs dizaines de kilomètres.

Ça colle !

La vase est constituée de particules si fines qu'elle retient l'eau en grande quantité. Cela donne une sorte de glaise qui peut être molle et très profonde. Mieux vaut donc sonder le terrain avant de s'y aventurer, avoir une paire de bottes et ne pas marcher trop vite pour ne pas rester collé !

Abers ou rias ?

Les 2 mots désignent sensiblement la même chose : « aber » est un mot celtique utilisé en Bretagne du Nord (Aber-Wrac'h ou Aber-Benoît), en Écosse, Irlande et pays de Galles, tandis que « ria » se dit en Bretagne du Sud (ria d'Étel), en Galice espagnole et au Portugal.

Le néréis ou gravette sert d'appât pour la pêche.

La coque se nourrit en filtrant l'eau de mer grâce à ses 2 siphons dont les orifices forment 2 petits trous à la surface.

Des vers et des coquillages

La partie basse des vasières, que l'on appelle
la slikke, paraît nue et déserte. Pourtant,
si tu regardes de plus près, tu verras
une multitude de petits trous et de tortillons :
ce sont les traces des vers et des coquillages
qui vivent enfouis dans la vase et s'alimentent
de ses particules nutritives.

Une vraie nursery !

L'abondance du plancton attire aussi les crevettes,
qui arrivent dans les vasières avec les marées,
ainsi que de nombreux poissons comme le mulet,
l'anguille ou la sole. Les vasières servent aussi
de nursery à des bébés poissons, turbots et plies,
qui grandissent là.

Les vasières abritent de très nombreuses espèces d'oiseaux
qui y trouvent une nourriture abondante : un véritable
garde-manger !

Des plantes pleines de sel

La partie haute des vasières se nomme
le schorre. Comme elle n'est sous l'eau que
pendant les grandes marées et les tempêtes,
elle est couverte d'une végétation basse
et dense, appelée aussi herbu ou pré salé
quand elle sert de pâture à des animaux.
Les plantes se sont si bien acclimatées
à ce milieu particulier qu'elles ne peuvent
pas vivre autre part. Très souvent d'ailleurs,
elles contiennent du sel.

D'aspect
très sec,
la lavande
de mer a
de minuscules
fleurs mauves.

La salicorne peut se cuisiner fraîche
comme des haricots verts ou encore
être préparée comme les cornichons
dans du vinaigre.

Habitants des sables

Comment survivre sur une grève découverte à marée basse sans risquer de mourir asphyxié ou desséché ? En s'enfouissant dans le sable ! C'est ce que font les vers et les coquillages bivalves.

Telline

Les arénicoles

Les petits tortillons de sable que tu vois sur la plage indiquent la présence de ces gros vers qui creusent une galerie en forme de U, ouvert d'un côté par un orifice et fermé de l'autre par leurs déjections. Ce sont les vers les plus utilisés pour la pêche car ils sont appréciés de presque tous les poissons.

Les néréis

Appelés aussi gravettes, ces grands vers très remuants ressemblent à des mille-pattes Ce sont aussi de bons appâts pour la pêche. Comme ils ne laissent pas de traces, il faut retourner systématiquement des carrés de sable avec une bêche et mettre les vers dans un bocal rempli d'eau de mer.

Le couteau

Grâce à sa forme et à son pied puissant, il s'enfouit très rapidement à 30 cm de profondeur à marée basse, puis remonte en surface dès que la mer le recouvre.

À qui sont ces trous ?

Pour repérer les coquillages dans le sable, apprends à reconnaître les trous qu'ils font à la surface. **Un conseil :** tu les verras mieux au début de la marée montante, quand le sable aura séché.
- Couteau : 2 trous rapprochés en forme de 8.
- Coque : 2 trous ronds un peu écartés.
- Palourde : 2 trous qui se rejoignent et ressemblent à un 8.

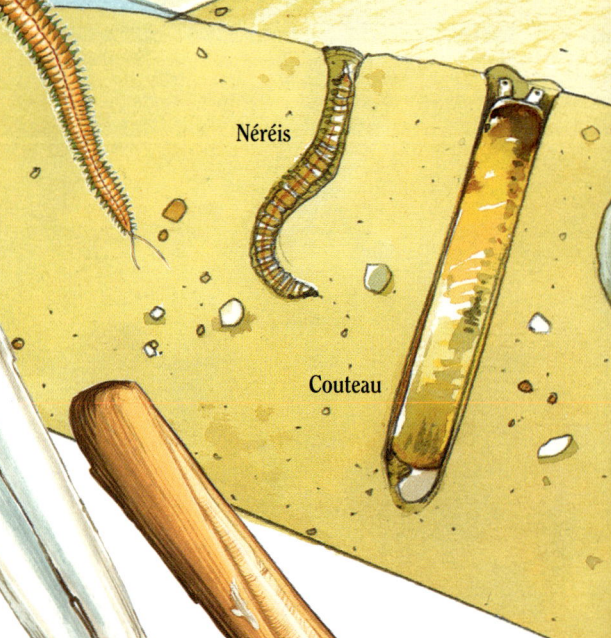

Néréis

Couteau

Coquillages bivalves

Les coquillages enfouis dans le sable sont des bivalves : ils ont 2 coquilles distinctes, articulées grâce à un muscle qui commande leur ouverture et leur fermeture. Ils s'enfoncent dans le sol en contractant leur pied et ont 2 siphons, l'un pour pomper et l'autre pour rejeter l'eau de mer. En faisant circuler l'eau, ils captent l'oxygène avec leurs branchies et filtrent le plancton.

La pêche aux arénicoles

Quand tu as repéré un tortillon, creuse avec une bêche
à une trentaine de centimètres de profondeur pour
soulever la motte de sable dans laquelle se cache
le ver. Ainsi, tu évites de le blesser.
Laisse tomber la motte pour
l'effriter et saisis le ver par la tête
(la partie la plus épaisse) car la queue
se casse facilement. Pour conserver les vers
(pas plus de 24 heures), roule-les dans du papier
journal ou recouvre-les de goémon et mets-les
dans une boîte en bois. Ne garde pas les vers blessés.

La palourde

La palourde aime les sols mélangés de vase et de graviers,
où elle se cache à 6-8 cm de profondeur. Sa coquille,
très épaisse, a une ornementation
croisée comme un tissu.

La praire

Elle préfère le gros sable
dans lequel elle s'enfonce
profondément, ce qui ne
la rend pas facile à pêcher !
Sa coquille, ornée de côtes
concentriques épaisses, est
très solide. Dès qu'elle se sent
menacée, elle s'enfouit
en expulsant un jet d'eau.

Coque

Palourde

Praire

Arénicole

La coque

Commune en Bretagne, elle vit à peine enfouie dans
le sable vaseux. Sur sa coquille, on compte ses
côtes en éventail : il y en a 22 à 28. Elle se déplace
par petits sauts ; prenant appui sur son pied,
elle se sauve en cas d'attaque d'une étoile de mer !

Dans les mares et les rochers

Les zones de rochers sont des endroits idéaux pour observer une foule d'animaux marins. Profite de la marée basse pour partir à leur découverte, dans les flaques, sous les algues et sous les pierres. Attention : quand tu soulèves un caillou, remets-le bien en place !

À chacun son étage

Selon qu'ils habitent en haut ou en bas de la grève, les animaux et les végétaux marins n'ont pas les mêmes conditions de vie à cause du rythme des marées : ceux du bas de l'estran resteront peu de temps hors de l'eau, mais ceux d'en haut devront attendre 12 heures pour que la mer les recouvre à nouveau. Ainsi, chacun survit dans une bande correspondant aux durées d'émersion auxquelles il est adapté.

À l'aide de sa trompe, le buccin perce les coquilles des coquillages vivants pour sucer leur chair.

Patelle

La patelle

Chapeau chinois, bernique, que de surnoms pour ce mollusque « scotché » à son rocher. Sans un couteau, impossible de le décoller ! Il faut alors attendre que la mer le recouvre : il soulève sa coquille et se déplace pour brouter la fine couche d'algues recouvrant les pierres. À marée basse, il reprend la même place, là où sa coquille adhère au rocher.

Le vrai bigorneau

Le seul bon
à manger, c'est
le vignot ! À marée
basse, il se cache
sous les algues
et les rochers, rentre
dans sa coquille et ferme
son opercule !

La moule

Station
d'épuration à elle
seule, elle pompe
et rejette environ
10 l d'eau par heure,
retenant au passage
bactéries, algues, débris.

Un piège à bigorneaux

À marée basse, pose une planche (1 m de long sur 20 ou 30 cm de large) sur 2 pierres plates à environ 10 cm du sol. Mets 2 grosses pierres dessus pour la lester. Le lendemain, reviens récolter les nombreux bigorneaux qui se sont collés sous la planche, et mets-toi aux fourneaux : dans une casserole, fais bouillir de l'eau avec du gros sel, du poivre, un peu de thym ou de laurier. Cuis les bigorneaux 5 minutes et laisse-les refroidir dans leur eau. Mets-les ensuite au réfrigérateur pour qu'ils soient bien froids au moment de les déguster avec une bonne tartine de beurre salé.

L'ormeau

Recherché pour sa chair
succulente, il a presque
disparu des côtes bretonnes.
Sa pêche est très
réglementée.

Ormeau

Crabe vert

Le crabe vert

Très commun, il vit dans les rochers
et peut s'enfouir dans le sable. Il fuit
à reculons, les pinces dressées.

De belles tueuses

Les anémones de mer sont de redoutables carnassières :
au moindre contact, leurs tentacules, armés de cellules
urticantes, paralysent la proie, l'emprisonnent et la dirigent
au centre de la couronne, vers la bouche grande ouverte.

L'actinie rouge ou « tomate
de mer » se rétracte à marée
basse. Cette anémone peut
aussi se déplacer en
rampant sur son pied
comme une
limace.

Actinie
rouge

L'étrille

Rapide et agressive, l'étrille n'est pas
facile à pêcher. Dommage, car sa chair
est excellente.

Étrille

Le bouquet

On l'appelle aussi crevette rose. Elle nage en bancs
parmi les rochers et peut se propulser rapidement
en arrière d'un coup de queue.

Bouquet

La pêche à pied

En Bretagne, la pêche à pied passionne petits et grands. Toi aussi, apprends à reconnaître les bons bigorneaux, à repérer les coques sous le sable et à devenir un redoutable pêcheur de crabes. Bonne pêche !

🧰 Matériel

• une boîte de sel fin

La pêche aux couteaux

Les couteaux vivent assez bas sur la grève. Une fois que tu as repéré dans le sable humide 2 trous joints en forme de 8, tu verses dedans une pincée de sel et un peu d'eau pour qu'il fonde. Croyant que la mer remonte, le couteau va sortir quelques secondes plus tard. Attention, il faut vite l'attraper par sa coquille, sinon, il s'enfoncera à nouveau. Les couteaux sont comestibles mais pas très bons. Tu peux par contre t'en servir comme appât pour la pêche aux crabes ou aux poissons.

🧰 Matériel

• un râteau ou un grattoir, un seau

La pêche aux coques

Les coques sont faciles à ramasser car elles vivent en bancs et s'enfoncent peu dans le sable ou la vase. Une petite bosse de sable et 2 trous espacés de 1 cm les signalent. Il te suffit de ratisser le sol avec un râteau ou un grattoir. Une cuillère fera aussi l'affaire, mais tu en pêcheras moins !

Ta recette : avant de préparer les coques, il faut les faire dégorger quelque temps dans de l'eau salée pour qu'elles rendent leur sable. Ensuite, tu les fais ouvrir dans une marmite d'eau bouillante. Tu peux les manger ainsi, au naturel, ou encore enlever les coquilles et faire une salade avec de l'huile d'olive, du citron, du persil ou du basilic. Et si tu as très faim, tu les mélanges avec des pâtes et de la crème fraîche !

La pêche aux crabes

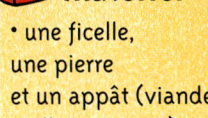 **Matériel**
• une ficelle, une pierre et un appât (viande, mollusque, etc.)

En général, on attrape les crabes à la main sous les pierres ou dans les rochers, mais tu peux aussi les pêcher avec une ligne dans les mares ou depuis une digue. Pour cela, tu attaches une pierre et un appât à une ficelle. Quand le crabe saisit la nourriture avec ses pinces, tu tires la ligne rapidement, mais sans brusquerie, pour le capturer. Ne l'attrape pas par une patte : il est capable de s'amputer volontairement pour t'échapper !

La pêche aux bouquets

 **Matériel**
• un haveneau rond, une musette

Choisis un jour de mer calme et commence à pêcher une heure avant la basse mer. Pousse ton haveneau lentement sous les algues et les rochers en bordure de mer ou dans les mares. N'oublie pas de le relever régulièrement, pour enlever les algues et les cailloux et récupérer les crevettes.

Ta recette : plonge les crevettes dans de l'eau bouillante pendant 5 minutes. Égoutte-les, sale-les, laisse refroidir, et régale-toi !

Quand pêcher ?

Consulte l'annuaire des marées pour connaître les jours de coefficients importants. Le meilleur moment pour pêcher est une heure avant et après la basse mer.

Où pêcher quoi ?

Sable et vase : vers, couteaux, coques, palourdes.
Rochers : crabes, étrilles, bigorneaux, crevettes.
Flaques : petits poissons, crevettes.

 Attention aux zones polluées

Il arrive parfois que la pêche aux coquillages soit interdite dans certains endroits du littoral (notamment les fonds de baie) à cause de la présence dans l'eau de mer d'algues microscopiques ou de bactéries toxiques pour l'homme. Les coquillages sont alors impropres à la consommation.

Le manuel du bon pêcheur

Tu remettras les animaux dans l'eau si tu pêches pour t'amuser.
Tu pêcheras ce que tu mangeras ensuite, en quantités raisonnables.
Tu ne pêcheras pas les femelles ayant des œufs, ni les bébés animaux.
Tu remettras les cailloux à leur place : sinon, les animaux qui vivent là mourront au soleil.
Tu feras bien attention aux horaires des marées pour ne pas te laisser surprendre par la mer qui remonte.
Tu iras à la pêche accompagné d'un copain ou d'un parent.
Tu mettras des bottes ou des chaussures aux semelles antidérapantes pour ne pas glisser dans les rochers.

À la plage

C'est fou tout ce que l'on trouve à faire sur une plage !
Se baigner, jouer au ballon ou au badminton, ramasser
des coquillages et des galets pour fabriquer ensuite
de jolis objets... Voici quelques idées pour varier les plaisirs !

Un rideau de coquillages

Enfile les coquilles sur un fil de Nylon.
Si les coquilles sont trop épaisses
pour être percées, attache-les avec
du fil de fer très fin. Fabrique
ainsi plusieurs
guirlandes
et attache-les
à la canne
de bambou.
Ton rideau
est prêt,
il ne reste plus
qu'à l'accrocher
sur un mur
ou au plafond
de ta chambre.

Matériel

• 1 bambou de 50 cm
• des coquillages
• du fil de Nylon
• du fil de fer très fin

Quelques trucs

Vérifie que les coquillages que
tu ramasses sont vides : sinon,
ils finiraient par sentir très
mauvais ! Des valves de grosses
coques peuvent servir de salière
et de poivrier, les galets de presse-
papiers pour ton bureau.

Attention danger !

Si tu vois des méduses flotter à
la surface de l'eau ou échouées
sur la plage, ne les touche pas
car elles te brûleraient.
Sur les plages où les vives sont
fréquentes, mets des sandales
pour te baigner : ce petit
poisson s'enfonce dans le sable
en laissant dépasser sa nageoire
pleine de venin. La piqûre est
toxique et très douloureuse.

Un collier de littorines

Nettoie les littorines dans de l'eau et sèche-les. Pour qu'elles restent bien brillantes, passe-les au vernis transparent. Perce-les avec un clou et un petit marteau. Attention, elles se brisent facilement ! Enfile-les sur le fil élastique et fais un nœud.
Tu peux aussi te servir de ton collier comme d'un bracelet en faisant plusieurs tours à ton poignet.

Matériel

- du fil élastique fin
- du vernis transparent
- des littorines (petits escargots jaunes)

Un jardin minéral

Remplis aux trois quarts le bocal avec du sable fin et bien sec.
Sur le dessus, compose ton jardin avec tes plus belles trouvailles. Tu peux faire des sentiers avec des petits cailloux de toutes les couleurs, planter un os de seiche ou une coquille de couteau au milieu, disposer les coquillages et les algues séchées selon ton goût.
À toi de faire travailler ton imagination !

Matériel

- un bocal de poisson rouge, du sable sec et ce que tu as récolté sur la plage

Bateau de sable

Choisis un endroit où le sable est fin et humide. Creuse une grande cuvette en forme de coque de bateau à moteur. À l'intérieur, construis 2 banquettes en sable bien tassé pour embarquer les copains. N'oublie pas à l'avant le tableau de bord : galets, coquillages et bouts de bois feront office de cadrans et de levier de vitesses. Bonne balade en mer !

Matériel

- 1 grande pelle

La pelle de mer

2 joueurs et plus
À 10 pas du bord de l'eau, place 2 seaux identiques. Le jeu consiste à les remplir d'eau de mer avec la pelle le plus vite possible. Le premier qui a rempli son seau a gagné !
Si vous êtes nombreux, formez 2 équipes dont les joueurs se relaieront à chaque aller-retour.

Matériel

- 2 seaux et 2 petites pelles identiques

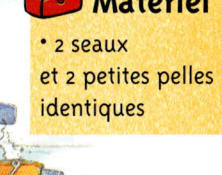

Les crustacés

De la puce de mer au homard,
de nombreuses espèces de crustacés
vivent sur les grèves et dans les eaux bretonnes.
Les plus connues sont bien sûr celles
qui se mangent !

Tourteau

Les crustacés

La puce de mer (1) : eh oui, c'est un crustacé !
Tu peux en voir beaucoup sur le haut des plages, dans
les algues apportées par la marée ou dans le sable.
Les balanes (2) : attention de ne pas t'écorcher
avec les balanes collées aux rochers, car elles ont
une carapace faite de plaques de calcaire très dures.
Fixées sur les coques des bateaux et les coquillages,
elles ne sont pas faciles à enlever !
Les pouces-pieds (3) : les anatifes, ou pouces-pieds,
qui vivent dans des endroits peu accessibles,
accrochés à des rochers battus par les vagues.

Les crevettes

La crevette rose (4), ou **bouquet**, nage en bancs dans
les rochers et les herbiers, tandis que **la crevette
grise** habite les fonds sablonneux des estuaires.
La langoustine (5) : de la même famille que
le homard, la langoustine vit sur les fonds vaseux,
et passe les trois quarts de son temps dans
des terriers où les femelles incubent leurs œufs.
Le homard (6) : avec sa carapace d'un beau bleu
et sa chair succulente, le homard européen
est le roi des crustacés. C'est un animal solitaire,
qui vit dans les trous des côtes rocheuses.
À l'âge de 25 ans, il peut mesurer de 70 à 90 cm !
La langouste (7) : contrairement au homard,
la langouste n'a pas de grosses pinces.

Petits et gros

La plupart des crustacés sont minuscules :
ils font partie du plancton et servent
de nourriture à de nombreux animaux
marins. Les plus gros font partie de l'ordre
des décapodes : ils ont 5 paires de pattes,
la première éventuellement transformée
en pinces, avec lesquelles ils se déplacent
latéralement. Leur bouche est conçue
pour pouvoir à la fois broyer, couper
ou râper, ce qui leur permet de manger
aussi bien des animaux vivants
que des algues ou des cadavres !

Un crustacé tout nu !

Tu crois rêver en voyant un bigorneau
à pattes ? C'est en fait un bernard-l'ermite !
Comme il est tout nu, ce crustacé habite
dans une coquille de mollusque et déménage
quand sa maison devient trop petite. Il fait très
bon ménage avec l'anémone, qui se fixe à sa
coquille : elle le protège avec ses tentacules
urticants, et, en échange, il la transporte
et lui offre les reliefs de ses repas !

Un bernard-l'ermite.

Les crabes

Le tourteau (8) : le tourteau est également appelé
dormeur car il passe ses journées enfoui dans
le sable et ne bouge que la nuit pour se nourrir.
Tu peux trouver des jeunes (que tu ne ramasseras
pas !) dans les rochers, mais les adultes habitent
plutôt les grands fonds.
Le crabe vert (9) : comme tous les crabes, le crabe vert
peut s'amputer volontairement d'une patte quand
on l'attrape. Celle-ci repousse à la prochaine mue.
L'étrille (10) : as-tu remarqué que l'étrille
a les yeux rouges ?
L'araignée (11) : les araignées passent l'hiver
au large et se rapprochent des côtes au printemps
pour se reproduire. Les jeunes, appelées
« moussettes », ne doivent pas être capturées.

Changement de carapace

Si tu touches un crabe dont la carapace est molle,
ne t'inquiète pas : il n'est pas malade, mais tout
simplement en train de muer ! Comme les autres
crustacés, le crabe a besoin de changer de peau
quand il grandit. Alors il se fabrique une nouvelle
carapace, toute molle, sous l'ancienne.
Quand elle est prête, il sort de son vieil habit
par une fente, puis il se gonfle d'eau et attend
que la carapace neuve durcisse. Mieux vaut
le laisser tranquille
à ce moment-là,
car il est très vulnérable,
et, de toute façon,
sa chair n'est pas
bonne à manger.

Poissons des côtes

Les côtes bretonnes abritent des centaines d'espèces de poissons. Afin de bien les connaître, va sur un port assister au retour des bateaux de pêche et observe attentivement le débarquement des caisses. Tu peux ensuite faire un tour chez le mareyeur, ou encore apprendre à pêcher !

Ta première partie de pêche

Tu as envie de te mettre à la pêche ? Le plus simple est de commencer par pêcher à la ligne sur une digue. Choisis la technique de la pêche au bouchon, qui est facile, amusante et ne coûte pas cher en équipement. Tu attraperas des poissons de port : gobies, chinchards, tacauds, éperlans, petits lieus, mulets, anguilles.

Quelques poissons côtiers

La vieille (1) est un beau poisson multicolore est très commun sur les côtes bretonnes, mais sa chair n'a pas grand intérêt !

Le lieu jaune (2) chasse en bancs sur les hauts fonds rocheux et peut mesurer plus d'un mètre. On en mange beaucoup en Bretagne, que ce soit cuit entier au four ou en tranches à la poêle.

Le tacaud (3) est un petit poisson vorace habite à faible profondeur sur les fonds rocheux. On le pêche facilement et sa chair est excellente quand il est mangé le jour même.

Le maquereau (4) vit en profondeur l'hiver et se rapproche des côtes aux beaux jours. Facile à capturer, c'est le poisson idéal pour les parties de pêche à la traîne, à bord d'un bateau !

Le bar (5) est un excellent nageur. Très méfiant, ce gros mangeur vit près des côtes rocheuses où l'eau est très brassée. Poussé par la faim, il s'aventure aussi dans les estuaires et les ports. Le bar fait partie des poissons fins dont la pêche est un art qui n'est pas donné à tout le monde !

La lotte (6) est un carnivore appelé aussi baudroie vit enfoui dans le sable ou la vase. La lotte a beau être l'un des meilleurs poissons qui soit, tu ne verras jamais sa tête sur un étal de poissonnier : avec sa bouche énorme remplie de dents pointues, elle ferait fuir les clients !

Comme tous les poissons plats des fonds sableux, **La sole (7)** se couche sur le flanc et a les 2 yeux du même côté. Elle est très recherchée pour la délicatesse de sa chair, et est donc très chère ! Appelée aussi carrelet, **La plie (8)** peut vivre jusqu'à 20 ans. C'est l'un des poissons les plus consommés en Europe.

Les algues marines

Les côtes bretonnes sont parmi les plus riches du monde en algues. 750 espèces y ont trouvé la lumière idéale, des températures constantes, des eaux brassées par les flots et riches en sels minéraux.

Contrairement aux apparences

Les algues ne possèdent ni racines, ni tiges, ni fleurs mais des crampons, des stipes et des frondes divisées en lanières. Pour mieux capter la lumière, certaines possèdent, en plus de la chlorophylle, d'autres pigments qui viennent modifier leur couleur.

flotteurs

fronde

stipe

crampons

Laminaires.

Une algue rouge.

Des algues à tout faire

À partir des laminaires, les usines vont extraire de l'alginate qui entre dans la composition des crèmes glacées, des dentifrices, du papier et de bien d'autres choses. Certaines algues permettent de fabriquer des prothèses dentaires, ou encore des crèmes anti-rides, des médicaments. Un bon bain d'algues soulage les douleurs articulaires. Séché, le goémon donnera un excellent engrais pour ton potager. Aujourd'hui, on cultive en Bretagne *Undaria pinnatifida*, une algue japonaise qui se mange sous le nom de wakamé.

Quelle famille !
Les scientifiques rangent les algues dans différents groupes : les algues vertes, les brunes et les rouges.

Chacune à sa place
• Dans le haut de l'estran, partie découverte par la mer à marée basse, on trouve les premières algues, les plus résistantes. **La pelvétie (1)** est une algue brune, ses lanières ressemblent à des gouttières. Elle partage son rocher avec **le fucus spiralé (2)**.
• En dessous vivent **les ulves** ou **laitues de mer (3)**. Cueillies fraîches, elles peuvent être mangées en salade à la vinaigrette.
• Au milieu, submergés 2 fois par jour par les marées, demeurent **l'ascophylle (4)** et **le fucus vésiculeux (5)**. Plus simplement on les nomme « goémons ». Si l'endroit est calme, tu peux voir l'ascophylle noueux.
• Plus bas vit ***Chondrus crispus* (6)**, une petite algue rouge qui pousse accrochée aux rochers en touffes frisées et denses. Son autre nom est « pioca ». Dans l'industrie alimentaire, le pioca est utilisé comme gélifiant dans les glaces et les crèmes au caramel. Son code est E 407.
• En dessous du **varech denté (7)**, à fleur d'eau, on trouve **les himanthales (8)**. On les appelle « haricots de mer ».
• Enfin, plus bas encore, vivent **les grandes laminaires**. Tu en verras échouées sur la plage après les grandes marées et les tempêtes. La laminaire *hyperborea* (9) est facile à reconnaître : elle ressemble à une queue de vache.

9

Des dauphins et des phoques

Non, tu ne rêves pas ! Il y a bien des phoques et des dauphins qui vivent près des côtes bretonnes. Avec un peu de chance, tu pourras les observer en allant dans des endroits bien précis du littoral.

Dans la baie du Mont-Saint-Michel

Un groupe d'une vingtaine de phoques veaux marins est présent toute l'année. Des dauphins de Risso viennent également dans la baie en juin et juillet pour se nourrir de seiches qui viennent pondre dans les herbiers et les parcs à moules. Très souvent, Il y a aussi des grands dauphins dans la partie nord de la baie.

Le phoque gris a une tête massive et sans décrochement, ce qui lui donne un profil rectiligne. Les mâles sont plus grands que les femelles (2,30 m) et ont un pelage couvert de taches sombres. À la naissance, les jeunes sont entièrement blancs, couverts d'un pelage laineux : on les appelle des blanchons. Les archipels de Molène et des Sept-Îles sont les 2 seuls sites français où les phoques gris se reproduisent.

Le dauphin de Risso est un dauphin de grande taille (3,50 m à 4 m), dont la tête est ronde, sans rostre visible. L'aileron dorsal est très haut. Il vit au large en petits groupes et s'installe sur la côte en été.

Aux Sept-Îles (au large de Perros-Guirec)

Au milieu d'une nuée d'oiseaux de mer, tu y verras des phoques gris qui s'installent sur le site pour muer et se reproduire.

Phoque veau marin

Phoque gris

Le phoque veau marin est de petite taille, il a une tête ronde caractérisée par un décrochement entre le museau et le front. Son pelage est gris clair avec de petites taches sombres. Il fréquente les baies, les estuaires et les bancs de sable.

Un groupe d'une cinquantaine de phoques gris fréquente l'archipel de Molène, au large de la pointe du Raz.

À l'île de Sein

Les grands dauphins qui vivent autour de l'île viennent régulièrement faire un tour dans le port pour jouer entre les bateaux. Le clou du spectacle, c'est quand ils escortent la vedette qui fait la liaison avec le continent, comme s'ils faisaient la course avec elle. Un vrai bonheur ! Quelques phoques gris sont également visibles dans cet endroit.

Le grand dauphin, à l'âge adulte, atteint 2,30 m à 3,50 m de longueur et pèse de 150 à 350 kg. Il est gris sur le dessus et les flancs, et a le ventre presque blanc.

Une clinique pour les phoques

Un centre de soins pour les mammifères marins a été créé en 1989 au sein d'Océanopolis à Brest. Sa mission est de soigner les animaux trouvés en difficulté sur le littoral avant de les réintroduire dans leur milieu. On recueille surtout de jeunes phoques gris incapables de se nourrir seuls après leur sevrage. Ils sont gavés jusqu'à ce qu'ils acceptent de manger seuls, puis sont mis dans un bassin pendant 2 ou 3 mois et sont relâchés. On marque ces animaux afin de suivre leurs trajets : des phoques nés à Molène sont souvent repérés par la suite dans les îles Britanniques !

Océanopolis à Brest.

Oiseaux des rivages

Les grèves de Bretagne sont peuplées d'une multitude d'oiseaux marins. En apprenant à les connaître, tu te rendras vite compte que tous ne sont pas des mouettes !

Oiseaux des rochers

Le goéland argenté (1) est un oiseau criard qui escorte les bateaux de pêche. **La mouette rieuse (2)** est facile à reconnaître : l'été, un capuchon noir couvre sa tête. L'hiver, elle a une petite tache noire derrière l'oreille. **La sterne pierregarin (3)** s'appelle aussi l'hirondelle des mers tant elle est vive et gracieuse. **Le cormoran huppé (4)** doit souvent sortir de l'eau pour se sécher, ailes écartées.

Oiseaux des plages et des vasières

L'huîtrier pie (5), contrairement à son nom, ne mange pas d'huîtres ! **Le gravelot (6)** est un drôle de petit oiseau qui avance par à-coups sur la grève, comme un jouet mécanique. **L'aigrette garzette (7)** se sert de son long bec comme d'un harpon pour capturer les poissons. Chez le **tadorne de Belon (8)**, plusieurs nichées peuvent se rassembler en crèche sous la surveillance de quelques mamans. **La bernache cravant (9)** est une petite oie noire au croupion blanc. Elle passe l'hiver en Bretagne et niche en Sibérie. **Le courlis cendré (10)** et **le chevalier gambette (11)** se nourrissent de vers et de mollusques qu'ils trouvent dans la vase. Ce sont des « limicoles », du latin « qui aime la vase ».

❸

1 Le mot goéland vient du breton *gouelan* qui veut dire « pleureur » (à cause de son cri). En Bretagne, on appelle aussi les goélands des « *guel* », c'est-à-dire des goinfres.

Oiseaux de mer

Les oiseaux de haute mer passent l'essentiel de leur vie sur l'océan. Ils ne se posent à terre que pour se reproduire au printemps, sur les îles et les falaises.

Quelques oiseaux de haute mer

Le fou de Bassan (1) a une envergure de près de 2 m.
C'est le plus grand de nos oiseaux de mer. Quand
il a repéré un poisson, il plonge comme une fusée
en repliant ses ailes derrière lui. Pour résister
à l'impact, son crâne est renforcé et des poches
d'air sur sa poitrine servent d'amortisseurs.
Le pétrel fulmar (2), grand coureur d'océan, repère
ses proies grâce à son odorat très développé.
Le guillemot de Troïl (3) est aussi habile dans l'eau
que maladroit sur terre, qu'il ne fréquente que pour
nicher sur une falaise.
Le macareux moine (4) s'appelle aussi le perroquet
de mer à cause de son gros bec multicolore. Pour
nourrir son unique poussin, il entasse dans son bec
une brochette de petits poissons.
La mouette tridactyle (5)
niche sur de minuscules
corniches à flanc de
falaise. Les nids sont
soudés à la roche par un socle
de boue et d'algues séchées.

Le puffin des Anglais (6) ne quitte son terrier
que la nuit pour éviter les attaques des goélands.
Le pingouin torda (7) se distingue du guillemot
par son bec court et crochu, noir barré de blanc.
Hélas, il se fait de plus en plus rare.

Observe les oiseaux

Certains oiseaux passent toute l'année en Bretagne, d'autres n'y viennent que l'hiver ou y font escale dans leur voyage de migration, d'autres enfin s'y reproduisent au printemps. Selon les saisons et les endroits, tu pourras donc observer de nombreuses espèces différentes toute l'année.

La réserve des Sept-Îles a été créée en 1912 par la Ligue pour la protection des oiseaux (LPO).

Les Sept-îles

Situé en face de Perros-Guirec, cet archipel est une réserve naturelle exceptionnelle : l'île Rouzic accueille l'unique colonie française de fous de Bassan qui viennent s'y reproduire chaque année. C'est aussi le dernier endroit en France où niche le macareux. On ne peut s'en approcher qu'à bord d'une vedette qui part du port de Perros.

Plus de 15 000 couples de fous de Bassan nichent aux Sept Îles.

Des réserves ornithologiques

Les oiseaux marins sont protégés : il est interdit de les chasser, de les capturer, de prendre les œufs et les poussins. Des réserves ornithologiques ont été créées pour étudier et protéger les oiseaux, surtout pendant la période de nidification. La plupart sont gérées par des associations, la SEPNB-Bretagne vivante et la Ligue pour la protection des oiseaux. Plusieurs de ces réserves sont aménagées afin que les visiteurs observent les oiseaux sans les déranger.

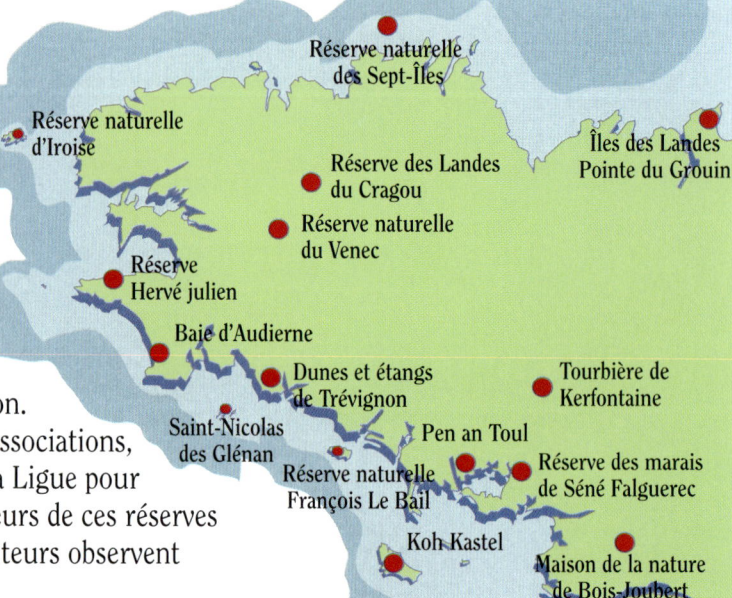

Réserve naturelle des Sept-Îles

Réserve naturelle d'Iroise

Réserve des Landes du Cragou

Îles des Landes Pointe du Grouin

Réserve naturelle du Venec

Réserve Hervé julien

Baie d'Audierne

Dunes et étangs de Trévignon

Tourbière de Kerfontaine

Saint-Nicolas des Glénan

Pen an Toul

Réserve naturelle François Le Bail

Réserve des marais de Séné Falguerec

Koh Kastel

Maison de la nature de Bois-Joubert

Au gré des saisons

Au printemps et au début de l'été,
tu iras voir les oiseaux marins qui nichent
sur les falaises, par exemple au cap Fréhel.
Note que les différentes espèces
se répartissent l'espace : les mouettes
tridactyles, les pingouins torda
et les guillemots occupent les corniches
étroites. Les goélands préfèrent nicher
en haut de la paroi et les cormorans en bas.
L'été, tu observeras depuis le rivage
le ballet des sternes qui plongent
en piqué pour pêcher.
L'hiver, tu te promèneras sur les grèves des
fonds de baie et des estuaires pour observer
petits et grands échassiers, canards et oies.

Fabrique un mobile d'oiseau

1. Sur la feuille cartonnée, dessine le profil d'un goéland (tu trouveras des modèles dans les guides d'oiseaux) et de ses 2 ailes.

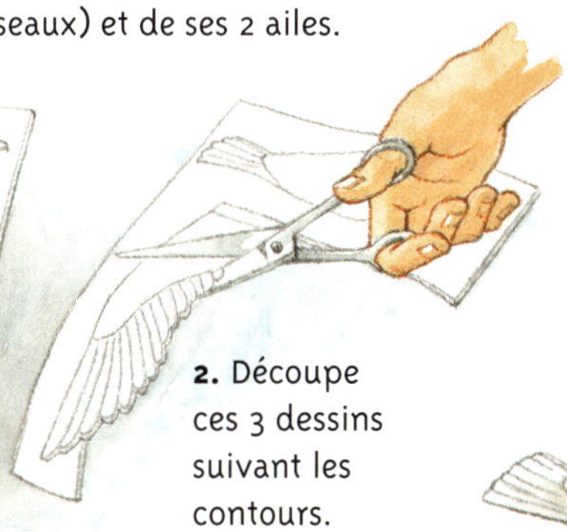

Matériel

- une feuille cartonnée
- une aiguille, des ciseaux, du fil
- du Scotch et de la colle
- un crayon à papier, des feutres ou des crayons de couleur

2. Découpe ces 3 dessins suivant les contours.

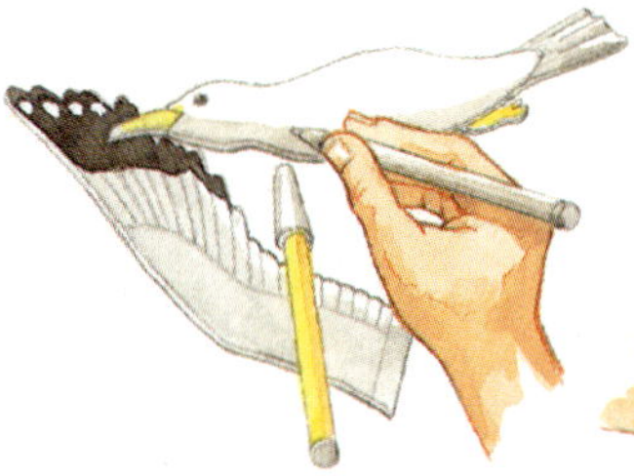

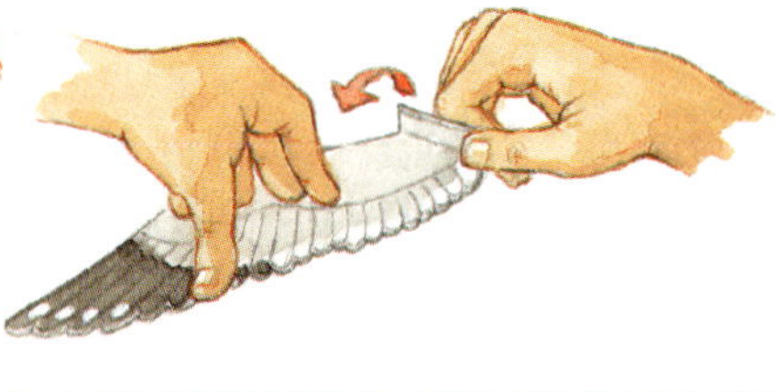

4. Plie la base des 2 ailes pour les coller ou les scotcher sur le corps.

3. Dessine la tête et colorie l'ensemble selon le modèle.

5. Pour équilibrer le mobile, attache-le par la tête et la queue avec le fil et l'aiguille. Accroche ton oiseau en hauteur dans ta chambre. Tu peux aussi faire plusieurs oiseaux (fou de Bassan, huîtrier pie...) et les attacher sur un bambou.

Le phare de la Vieille à la pointe du Raz.

Des caps et des pointes

Les falaises bretonnes offrent des paysages spectaculaires qui t'impressionneront sûrement par leur aspect sauvage et grandiose. En voici quelques exemples choisis aux quatre coins du littoral.

La pointe du Raz

Au bout du Finistère, cet éperon rocheux doit son nom au raz, un courant marin extrêmement violent et dangereux pour les marins. La vue y est grandiose, avec le phare de la Vieille au premier plan, et l'île de Sein entourée de récifs. Victime de sa beauté, ce site naturel est l'un des plus fréquenté de France et a dû être réhabilité pour retrouver son aspect sauvage.

La baie des Trépassés

Quel triste nom pour cette belle plage située entre les pointes du Raz et du Van ! En fait, il proviendrait d'une confusion entre les noms bretons *bae an aon* « baie de la rivière » et *bae an anaon* « baie des trépassés ». Voilà de quoi renforcer la légende affirmant que c'est depuis cette baie que les corps des druides morts étaient naguère embarqués pour être enterrés sur l'île de Sein…

Le cap Fréhel

Les falaises de schiste et de grès rose plongeant dans une mer émeraude ont inspiré de nombreux peintres. Au printemps et en été, l'immense lande (l'une des plus grandes d'Europe) devient un bouquet de couleurs éclatantes avec les ajoncs, les bruyères, les œillets marins et les jacinthes en fleurs. Le cap Fréhel, c'est aussi le royaume des oiseaux marins qui viennent s'y reproduire au printemps.

La Côte sauvage de Quiberon

À l'ouest de la presqu'île de Quiberon, la Côte sauvage est célèbre pour ses falaises bordées de récifs et criblées de grottes, d'arches et de tunnels naturels, uniquement accessibles à marée basse.

La presqu'île de Crozon

On dirait une immense croix de pierre avec des falaises vertigineuses, des landes désertes et des plages de sable fin. Au fil du temps, la mer y a façonné d'étonnants paysages marins comme les Tas de Pois, ces rochers face à la pointe de Pen-Hir, les grottes de Morgat, et, au pied de la pointe de Dinan, le « château », une formation rocheuse percée d'une arche naturelle faisant penser à des ruines.

Bruyères en fleur au cap Fréhel.

Les falaises de Plouha

104 mètres au-dessus de la mer : ce sont les falaises les plus hautes de Bretagne, que tu peux découvrir par le sentier côtier de Gwin Zégal. La plage Bonaparte est en contrebas : elle a gardé le nom de code du réseau d'évasion qui, en 1943, a permis à 135 aviateurs alliés d'embarquer pour l'Angleterre.

Le Conservatoire du littoral

Cet organisme public a pour mission de protéger les endroits du littoral qui sont fragiles et menacés : falaises, dunes, landes, etc. Grâce à lui, de nombreux sites prestigieux ont été sauvés et réhabilités : le cap de la Chèvre en Crozon, la pointe du Raz, la Côte sauvage de Quiberon, les dunes de Keremma…

Les Tas de Pois, à la pointe de Pen-Hir.

La Côte de Granit rose

Entre Perros-Guirec et Trébeurden, dans les Côtes-d'Armor, le littoral a subi de tels bouleversements géologiques qu'il en est sorti tout chamboulé, et tout rose ! Le meilleur moyen de découvrir les coins et recoins de cette côte très découpée, c'est encore la marche à pied !

Le sentier des douaniers de Ploumanac'h

Un sac à dos avec de l'eau, de quoi grignoter et un coupe-vent : te voilà prêt pour une balade de 3 h (10 km aller-retour) sur l'ancien sentier des douaniers qui fait le tour de la pointe de Ploumanac'h. Impossible de se perdre : il est balisé en rouge et blanc.

Le phare de Ploumanac'h se confond avec le paysage.

Itinéraire côtier

De la **plage de Trestraou (1)**, rejoins le sentier en montant par le boulevard Joseph-Le-Bihan. Après la **pointe de Beg ar Storloch (2)**, longe la côte jusqu'à **Pors Rolland (3)**. À partir du camping de Ranolien, tu découvriras les amoncellements de rochers roses. Parmi eux : **le rocher du château du diable (4)** ou encore du **Squwel (5)**. La vue est superbe sur l'archipel des Sept-Îles. À **Pors Kamor (6)**, tu verras l'abri du canot de sauvetage. **Le phare de Ploumanac'h (7)** est édifié sur un énorme bloc de granit rose, au bout d'un petit pont. Le sentier qui mène à **l'anse de Saint-Guirec (8)** est bordé d'un petit arboretum. De cette plage, on voit très bien le château de Costaeres juché sur son îlot. À découvrir aussi sur la plage : l'oratoire de Saint-Guirec. Non loin de là, la chapelle Notre-Dame-de-la-Clarté. Tu apercevras le **port de Ploumanac'h (9)** au détour de la pointe. Au bout du port, il y a un moulin à marée sur la digue reliant Perros-Guirec à Trébeurden.

Le château de Costaeres a été construit à la fin du XIXe siècle. Il a accueilli entre autres le romancier Henryk Sienkiewicz, l'auteur de *Quo vadis ?*

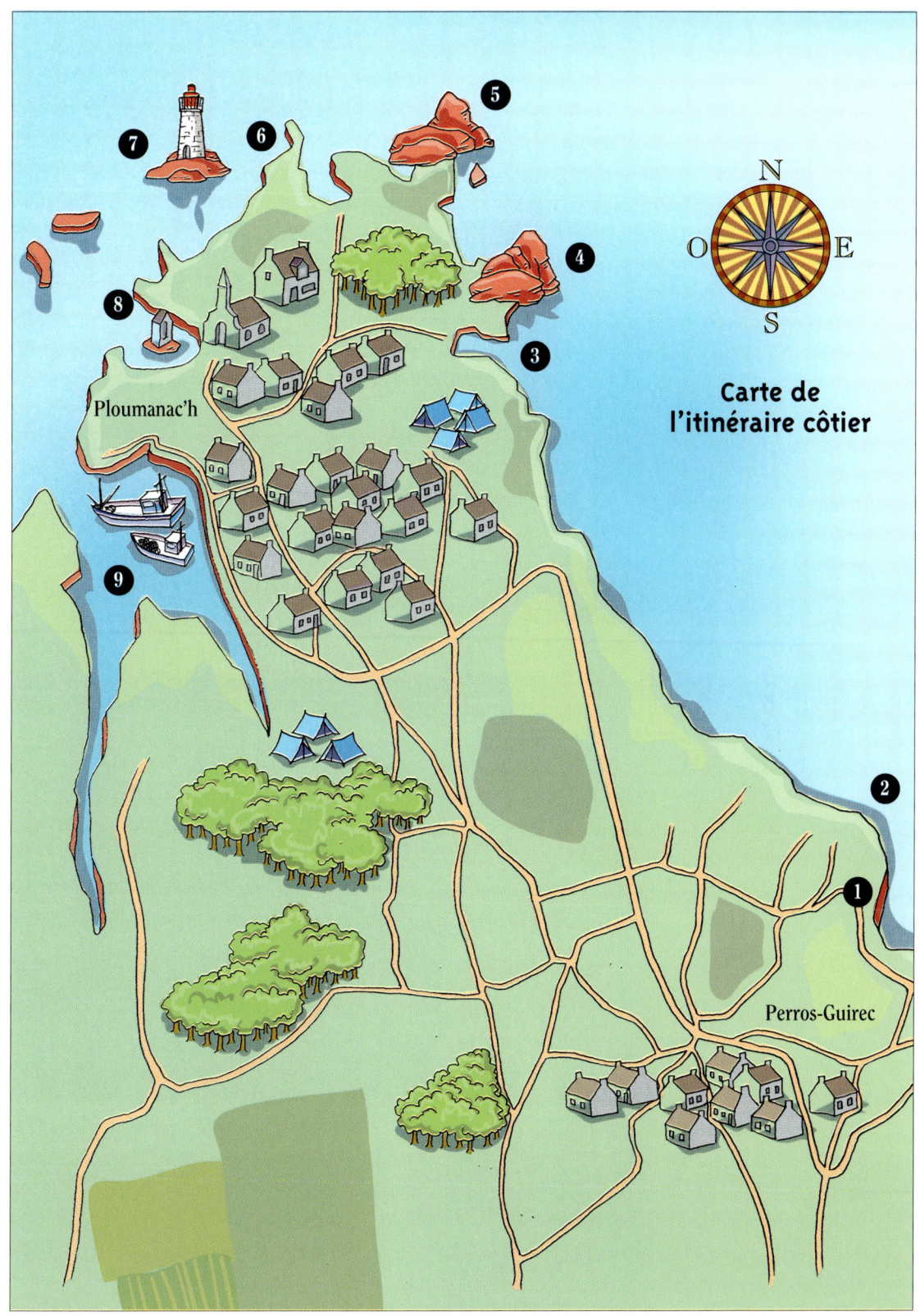

Carte de
l'itinéraire côtier

Ploumanac'h

Perros-Guirec

Le golfe du Morbihan

Avec son semis d'îles et ses rivages très découpés, le golfe du Morbihan joue à brouiller le sens de l'orientation de ses visiteurs ! Alors pour faire le tour de cet endroit magnifique, le mieux est de prendre la mer.

La petite mer

C'est une véritable mer intérieure de 20 km de long sur 15 km de large qui communique avec l'Océan par un étroit goulet, large de 1 km. Mais pour en faire le tour par voie de terre, il faudra faire une soixantaine de km !

La Jument

L'entrée du golfe est dangereuse : à marée montante, les eaux s'engouffrent dans le goulet, entraînées par le courant de la Jument. À marée descendante, elles se retirent en bouillonnant dans des remous baptisés « chaudrons de sorcières ».

L'île aux Moines

Aujourd'hui, l'île vit de l'ostréiculture et du tourisme. Tu peux embarquer sur une navette à Port-Blanc (en Baden) et faire le tour de l'île, longue de 6 km, à vélo.

L'île de la Jument (*ci-dessus*) et l'île aux Moines (*ci-dessous*).

Combien d'îles ?

La légende dit qu'il y a autant d'îles
dans le golfe que de jours dans l'année.
En fait, il n'en existe qu'une cinquantaine,
dont l'île aux Moines, Arz, Berder et Gavrinis.

Le golfe en bateau

Pour découvrir les coins et les recoins
du golfe, la meilleure façon est d'en faire le tour
en bateau. De nombreuses navettes proposent des
excursions à partir des différents ports du secteur.
Tu peux aussi embarquer sur un sinagot, ancien
voilier de pêche typique du golfe, pour une journée
en mer. Et si tu aimes pagayer, il y a le kayak de mer,
qui te permettra d'aller dans des endroits secrets
et d'observer les oiseaux sans les déranger.

Une plage de l'île d'Arz.

L'île d'Arz

On l'appelle l'île des capitaines car elle
a vu naître un grand nombre de capitaines
au long cours, surtout du temps de la marine
à voiles, dont on peut voir les pierres
tombales dans le cimetière jouxtant l'église.
Prends une vedette à la pointe de Conleau
à Vannes et pars à la découverte de l'île
(3,5 km de long) à pied.

Berder

Depuis Larmor-Baden, elle est accessible
à pied, à marée basse (attention aux heures
des marées). Un joli sentier en fait le tour
(moins d'une heure sans se presser),
dans une végétation exotique.

L'île de Berder.

Gavrinis

L'île de Gavrinis héberge un chef-d'œuvre
de l'art des mégalithes : le cairn de Gavrinis,
réputé être le plus beau du monde pour
la richesse de sa décoration. Ce gigantesque
sanctuaire, vieux de quelque 5 000 ans,
se visite tous les jours d'avril à octobre
en prenant une navette à partir
de Larmor-Baden.

Le cairn de Gavrinis.

Hors du monde, les marais

Tu aimerais bien voir des libellules, écouter
le chant des crapauds, découvrir des oiseaux
venant de l'autre bout de la planète ? Alors
va te promener dans les marais du littoral.
Dans certains, des visites sont organisées.

La formation d'un marais

Les marais du littoral sont des zones
humides qui ne sont pas soumises au rythme
des marées. Ils se forment dans une cuvette,
à l'arrière d'un cordon de sable ou de galets.
La mer s'y faufile parfois, lors des tempêtes
ou en s'infiltrant sous le cordon. L'eau
des marais est donc plus ou moins saumâtre.

La réserve de Falguerec

Située au fond du golfe du Morbihan,
la réserve de Falguerec à Séné est un site
d'intérêt international pour les oiseaux
d'eau. Pour observer les oiseaux sans
les déranger, des observatoires en bois
et des panneaux explicatifs ont été
aménagés. Des visites guidées sont
également organisées toute l'année.

Les oiseaux du marais

L'avocette élégante (1) avance dans l'eau peu
profonde en agitant son bec de droite et de gauche
pour capturer les petits invertébrés. **Le héron
cendré (2)** se sert de son bec comme d'un harpon
pour attraper ses proies. **Le grèbe huppé (3)** passe
sa vie à nager car il est très maladroit sur terre.
De nombreux canards comme **le tadorne
de Belon (4)** nichent dans les roseaux. **Le busard
des roseaux (5)** est un prédateur des marais.
Séné est l'un des rares endroits où séjourne
la spatule blanche (6), ce bel oiseau migrateur
qui doit son nom à la forme de son bec.

Le rendez-vous des oiseaux d'eau

Les marais sont des endroits idéaux pour observer une multitude d'oiseaux d'eau. Certains y passent l'hiver ou s'y reproduisent, d'autres sont des oiseaux migrateurs qui font escale dans les marais où ils trouvent une nourriture abondante qui leur permet de prendre des forces avant leur long voyage.

Les autres habitants du marais

Près de la moitié des libellules de France peuvent se voir en Bretagne. **La libellule (7)** passe beaucoup de temps en vol pour chasser. **La demoiselle (8)** préfère les côtes sud de Bretagne. **La mante religieuse (9)** vit dans les prairies humides des marais. Elle dépose ses « boîtes à œufs » sur les tiges des plantes. **Le pélodyte ponctué (10)** est un petit crapaud tacheté de vert qui chante même sous l'eau. Très méfiante, **la loutre (11)** se laisse difficilement observer. **Les roselières (12)** abritent les nids des oiseaux. Autrefois, les roseaux étaient fauchés pour faire notamment des toits de chaume.

Au pays de l'or blanc

Depuis des siècles, les hommes exploitent les marais de la presqu'île de Guérande pour en extraire un précieux produit : le sel. Aujourd'hui plus que jamais, le sel de Guérande est très réputé pour ses qualités naturelles et sa récolte artisanale.

De l'eau, du soleil et du vent

Les marais sont alimentés en eau salée par un bras de mer qui fournit de l'eau à une série de canaux ou étiers. Aux grandes marées, l'eau est admise dans un grand réservoir de décantation, la vasière. Grâce à un système de canaux et de vannes, elle passe dans des bassins de plus en plus petits et de moins en moins profonds, où, sous l'action du vent et du soleil, elle s'évapore lentement et se concentre en sel. Le dernier compartiment est l'œillet, où la concentration en sel dépasse les 250 g par litre : le sel cristallise.

Mulons de sel séchant en bordure des œillets.

Transport du sel de Batz au Pouliguen.

Une récolte artisanale

La récolte du sel a lieu de juin à septembre. Dans les œillets, le sel le plus fin apparaît le premier à la surface en grandes plaques blanches. Baptisé « fleur de sel », il est assez rare (5 kilos par jour et par œillet) et très réputé. Le paludier le cueille délicatement et le verse dans un panier. Le gros sel gris, lui, se dépose au fond de l'œillet. On le racle avec un las, une sorte de râteau sans dents et avec un très long manche, et on le transporte ensuite en brouette pour former de gros tas appelés mulons.

Réunis en groupement de producteurs, 300 paludiers récoltent le sel de Guérande de manière artisanale.

Grillades et cuisson à l'eau

Réputé pour sa richesse en sels minéraux et oligoéléments, qui lui donnent sa couleur grise, le sel de Guérande est un produit entièrement naturel. La fleur de sel est excellente pour les grillades. Le gros sel gris, lui, est utilisé pour la cuisson à l'eau.

Autrefois, le sel était utilisé pour conserver les aliments.

La gabelle

La Bretagne était l'une des rares provinces du royaume à ne pas être soumise à la gabelle, cet impôt sur le sel institué dans la seconde moitié du XIVe siècle. Avec cette taxe, la vente du sel était un monopole au profit du roi et les habitants étaient obligés d'acheter une certaine quantité de sel, « le sel du devoir ».

Ta recette : daurade en croûte de sel

• une daurade
• 1 kg de gros sel de Guérande

Tapisse un plat allant au four d'une couche épaisse de gros sel. Pose la daurade et recouvre-la d'une même épaisseur de gros sel. Fais-la cuire pendant 35 min environ, thermostat 7. Pour servir, casse la croûte de sel, retire le poisson et enlève-lui la peau. Tu peux napper les filets de beurre ou d'huile d'olive.

La baie du Mont-Saint-Michel et Tombelaine au premier plan.

Le Mont-Saint-Michel

Ce n'est pas un hasard si le Mont-Saint-Michel est le site le plus visité de France. Même envahi de monde, l'endroit fascine par sa beauté et son histoire.

Le mont Tombe

Dressé au-dessus d'une immensité plate et sableuse, le Mont-Saint-Michel est un gros rocher de 1 km de circonférence et 80 m de hauteur. Il est le résultat des variations du niveau de la mer et de l'érosion, qui, pendant des millénaires, ont façonné cet étrange paysage. Dans la région, 2 autres blocs rocheux de même nature ont résisté aux attaques des éléments : le Mont-Dol, aujourd'hui dans les terres, et Tombelaine dans la baie.

Le royaume des moutons

Les herbus (le haut de la grève recouvert de végétation) du Mont-Saint-Michel sont les plus vastes de France. On y élève des moutons à la chair très appréciée, appelés prés-salés.

Dans la baie du Mont-Saint-Michel, le phénomène des marées est un spectacle impressionnant : le terrain étant très plat, la mer se retire jusqu'à 14 km lors des grandes marées. Elle revient à une vitesse de 4 à 5 km/h.

Ce qui est sûr, c'est qu'il faut être très prudent et ne pas se laisser surprendre par la marée montante.

La baie s'envase

Petit à petit, la baie s'envase avec l'accumulation de sédiments marins apportés par les courants de la Manche. Ce processus est naturel, mais il a été accéléré par l'homme qui, pour gagner des terrains sur la mer, a construit des digues et modifié des cours d'eau. Résultat : ces derniers ne peuvent plus rejeter les sédiments vers le large à marée descendante. Actuellement, des projets de désenvasement sont à l'étude. Faute de quoi, le Mont-Saint-Michel sera un jour au milieu d'une prairie !

Gare aux tangues !

Dans la baie, la grève est composée de tangue, une vase riche en calcaire qui se solidifie au repos et se liquéfie quand elle est remuée. Ce ne sont pas des sables mouvants, mais c'est dangereux quand même !

L'archange saint Michel

Une nuit de l'an 708, l'archange saint Michel apparut en songe à l'évêque Aubert et lui commanda de fonder un monastère sur l'îlot rocheux qu'on appelait alors le mont Tombe.

Le pays des moules

Dans la baie à marée basse, tu verras des milliers de pieux de chêne plantés sur des kilomètres : ce sont des bouchots, sur lesquels on élève les moules.

Le site devint au Moyen Âge un très grand centre de pèlerinage où les gens venaient de l'Europe entière prier celui qui avait terrassé le démon.

Au sommet de la flèche de l'abbaye, la statue de saint Michel a été restaurée et recouverte de 60 g d'or.

À l'intérieur des remparts, la Grande-Rue est très commerçante, avec ses magasins de souvenirs, ses restaurants et ses hôtels. En la remontant, tu arrives à l'abbaye, le joyau du Mont. Elle est d'ailleurs surnommée la Merveille, à cause de la taille et de la beauté de sa construction.

En visitant les bâtiments superposés à flanc de rocher (église, monastère)…

… tu imagineras la vie des moines et des pèlerins de l'époque. Vue du cloître (*ci-dessus*).

Le monde des îles

La Bretagne égrène son chapelet d'îles au fil de ses trois mers, Atlantique, Iroise et Manche. Petites ou grandes, douces ou farouches, elles ont chacune un caractère bien ancré, qui attire et fascine de plus en plus de visiteurs. Car ces morceaux de terre bretonne portent en eux quelque chose de précieux : le don de faire rêver.

Les Glénan

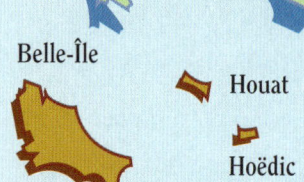

Groix

Belle-Île

Houat

Hoëdic

Îles de l'Atlantique

Plus ou moins grandes, plus ou moins peuplées, les îles de l'Atlantique ont en commun une nature magnifique et des caractères forts. Elles sont à la fois loin et près, grâce aux vedettes qui les relient au continent.

Belle-Île

À 45 minutes de bateau de Quiberon, Belle-Île est la plus grande île de Bretagne et sans doute l'une des plus belles. D'où son nom !
L'île a connu une histoire mouvementée et a été souvent victime des attaques des corsaires anglais.
Au XVIIIe siècle, elle a accueilli 78 familles d'immigrants acadiens qui y ont fait souche. On dit qu'ils auraient importé la pomme de terre bien avant Parmentier !
Depuis le XIXe siècle, Belle-Île attire beaucoup de touristes, parmi lesquels des peintres, des écrivains, des musiciens. C'est vrai que la Côte sauvage est d'une beauté époustouflante !

Le phare de Sauzon à Belle-Île.

Groix

Au large de Lorient, cette île de 2 600 habitants regorge de trésors naturels : on y trouve par exemple la seule plage convexe d'Europe (les Grands-Sables), la plage Rouge, qui doit son nom à la présence de grenats (rouge) dans le sable, et de nombreux autres gisements minéralogiques exceptionnels. Une réserve naturelle a d'ailleurs été créée pour les préserver, et des animations sont organisées toute l'année.

Autrefois, Groix était le premier port thonier de France. C'est pourquoi la girouette de l'église n'est pas le traditionnel coq gaulois, mais un thon !

Côte de l'Île de Groix.

Houat et Hoëdic

288 hectares et moins de 400 habitants pour Houat, 209 hectares et moins de 120 habitants pour Hoëdic. C'est dire si ces 2 îles, situées au large de Quiberon, sont des petits bouts du monde. D'ailleurs, l'électricité n'y est arrivée qu'en 1963 ! À Houat, tu peux visiter en été l'éclosarium, un centre d'étude du plancton qui te fera voyager dans l'infiniment petit du monde marin.

L'île de Houat.

Les Glénan

Les Glénan.

L'archipel des Glénan est un petit paradis d'îles sauvages, de plages de sable blanc et d'eau limpide. On y trouve le célèbre centre nautique des Glénan où tu peux faire des stages de voile, ainsi qu'une école internationale de plongée. En été, des vedettes assurent la navette entre Concarneau et Saint-Nicolas, l'île principale.

Ouessant

Molène

Sein

Les îles de la mer d'Iroise

À l'ouest du Finistère, Sein, Molène et Ouessant sont les ultimes morceaux de terre habités de notre continent avant le grand large. Entourées d'une mer hostile, longtemps très isolées, ces îles attirent aujourd'hui de nombreux touristes. Il n'empêche : ici plus qu'ailleurs, tu auras l'impression d'être au bout du monde.

Ouessant

Battue par les vents et les tempêtes, souvent noyée dans la brume, Ouessant est l'île sentinelle de l'entrée de la Manche. On peut s'y promener à pied ou encore à vélo (sans s'écarter des sentiers) pour découvrir ces paysages de fin du monde, d'une beauté farouche.

L'écomusée

À Ouessant, visite l'écomusée des traditions ouessantines pour découvrir l'habitat et le mode de vie traditionnel des îliens. Tu verras notamment que les meubles étaient construits en bois d'épave récupéré sur la grève.

Les moutons d'Ouessant

Cette race ancienne a presque disparu du fait des croisements, mais l'élevage continue. Les moutons vivent en liberté et sont rassemblés le premier mercredi de février pour la foire aux moutons, afin que leurs propriétaires les récupèrent. Comment les reconnaître ? Aux entailles distinctives faites dans leurs oreilles.

L'île des moutons.

Sur Sein, les voitures sont interdites et le vélo n'est pas autorisé, sauf pour les îliens.

Une mer redoutable

« Qui voit Ouessant voit son sang. Qui voit Molène voit sa peine. Qui voit Sein voit sa fin. »
Ce célèbre dicton en dit long sur les dangers de la mer dans ces parages, à cause des innombrables écueils et des courants violents. De terribles naufrages s'y sont produits et les îliens sont de grands marins réputés pour leur courage et leur savoir-faire.

Sein

Au large de la pointe du Raz, Sein est une toute petite langue de terre posée sur l'océan, qui l'a submergée à plusieurs reprises. Pendant la dernière guerre, de nombreux Sénans partirent à Londres rejoindre la Résistance, ce qui fit dire au général de Gaulle que l'île était « le quart de la France » !

Molène

Molène ne ressemble guère à Ouessant sa voisine : cette petite île qui se parcourt à pied est plate et bordée de plages de galets. Elle est au centre d'un archipel d'îlots déserts fréquentés par les oiseaux et les phoques gris. La pêche aux crustacés et la récolte du goémon sont les activités traditionnelles des îliens.

Jusqu'en 1976, Molène vivait à l'heure solaire, une tradition encore en vigueur dans l'unique hôtel de l'île.

Le *Drummond Castle*

À Molène, un petit musée raconte l'histoire du *Drummond Castle*, un paquebot anglais qui fit naufrage en 1896 entre Molène et Ouessant avec 251 personnes à bord.
Les îliens se dévouèrent pour veiller et enterrer les victimes. En remerciement, la reine Victoria leur offrit l'horloge de l'église ainsi qu'une citerne d'eau.

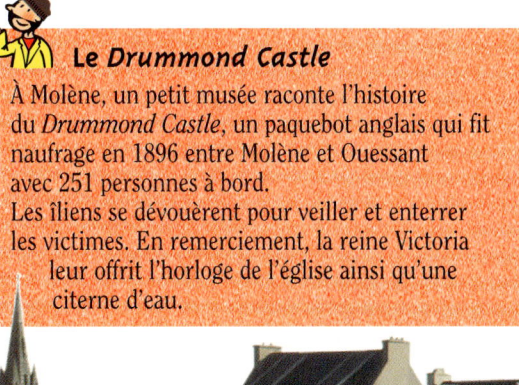

Les îles de la Manche

Un petit tour en bateau, et hop ! te voilà sur une île ! Proches du continent, Bréhat et Batz sont des endroits idéaux pour passer une bonne journée. Au programme : baignades, balades, et pourquoi pas kayak de mer ou promenade à cheval ?

La pointe du Paon à Bréhat.

Balade en kayak de mer.

Bréhat

On la surnomme « l'île aux fleurs » tant les plantes y poussent en abondance à cause de son climat très doux. Depuis la pointe de l'Arcouest (près de Paimpol), la traversée prend un petit quart d'heure, au milieu des îlots et des récifs qui ceinturent l'île. Bréhat se visite à vélo ou à pied.
Si tu n'as pas beaucoup de temps, choisis la belle randonnée d'une heure qui mène à la pointe du Paon : elle te permettra de découvrir tous les visages de l'île, du plus civilisé au plus sauvage.

À Bréhat, les plantes de Bretagne se mélangent aux espèces exotiques rapportées de tous les continents par les marins de l'île.

Le savais-tu ?
Les îles bretonnes sont appelées îles du Ponant, car elles se situent à l'ouest, là où le soleil se couche.

Batz

À 15 minutes en bateau de Roscoff, Batz est une petite île où se succèdent anses de sable blanc et rochers. L'intérieur est un immense potager dont les minuscules parcelles sont délimitées par des murets en pierre. Dans certaines, trop petites pour les tracteurs, les agriculteurs travaillent encore avec des chevaux. L'île est réputée pour ses légumes, notamment pour ses pommes de terre nouvelles, qui poussent bien avant celles du continent.

Le petit port abrité de l'île de Batz.

Le trou du Serpent

C'est le nom d'un rocher à la pointe nord de l'île. La légende raconte que Pol Aurélien, l'un des saints fondateurs de la Bretagne, dut débarrasser l'île de Batz d'un terrible dragon. Aidé d'un jeune homme, il captura la bête avec sa cape et son bâton et lui ordonna de se jeter dans la mer, à l'endroit dit du « trou du Serpent ».

À marée basse, l'immense grève qui entoure Callot devient le domaine des pêcheurs à pied.

Callot

Dans la baie de Morlaix, Callot est une petite île à laquelle tu peux accéder à marée basse (attention aux horaires des marées !) depuis le port de Carantec. Les voitures étant interdites, elle se découvre à pied par une petite route qui mène à une jolie chapelle. Ses grandes plages de sable blanc et ses petites criques sont des endroits rêvés pour se baigner.

Les Bretons et la mer

Impossible d'imaginer la vie sans elle : en Bretagne, la mer est aussi essentielle que l'air que l'on respire. Depuis toujours, elle est le lieu de toutes les aventures humaines pour courir le monde, travailler, manger, mais aussi rêver et prendre du bon temps.
Cette histoire est écrite par tous les gens de mer bretons, d'hier et d'aujourd'hui, célèbres ou anonymes. Pars sur leurs traces et tu partageras vite leur passion.

La pêche côtière

La pêche côtière artisanale rythme la vie des nombreux petits ports bretons. En fin de journée, viens assister au retour des bateaux et au débarquement du poisson : c'est un spectacle riche en couleurs... et en odeurs !

À bord de leurs canots, les pêcheurs se servent de lignes, de casiers ou des filets.

La petite pêche...

La petite pêche se pratique sur des bateaux de moins de 12 mètres qui partent en mer pour la journée. Souvent ce sont de simples canots en bois.

... et la vraie pêche côtière

La vraie pêche côtière se pratique sur des navires de 12 à 16 mètres pour des marées de moins de 4 jours. La majorité des navires côtiers du quartier maritime du Guilvinec appartient à des pêcheurs artisans. Le patron est propriétaire de son bateau. Les matelots sont payés à la part, chacune étant prise sur le bénéfice de la vente du poisson.

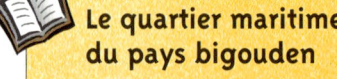

Le quartier maritime du pays bigouden

Depuis Colbert, le littoral français est découpé en quartiers maritimes. Celui du Guilvinec est constitué de 4 ports : Saint-Guénolé, Lesconil, Loctudy et Le Guilvinec. C'est le premier quartier maritime de pêche fraîche français.

Un chalutier de Port-Tudy.

Des techniques variées

1. Le chalut pélagique sert à pêcher les poissons de pleine eau comme la sardine. Le chalut forme une poche, « le cul de chalut », dans laquelle sont enfermés les poissons. Régulièrement, le chalut est remonté et ouvert sur le pont du bateau, déversant d'un coup des tonnes de poissons.

2. Les fileyeurs mouillent des filets droits, trémails ou maillants. Les filets maillants, composés d'un seul filet ou « nappe », sont utilisés pour pêcher le merlu ou le lieu jaune.

Les caseyeurs posent des casiers pour la pêche aux crustacés et aux seiches.

5. Le chalut de fond est un grand filet conique que le chalutier traîne sur le sol à l'aide de câbles appelés « funes ». Il pêche des langoustines et des poissons vivant au fond de l'eau comme la lotte et le saint-pierre.

3. Le filet trémail est composé de 3 filets accolés. Les poissons de fond, comme la sole, sont piégés entre les mailles.

4. Un caseyeur peut poser 10 séries de 35 casiers. Chaque filière est balisée à chaque extrémité par une bouée fanion, les casiers étant espacés de 30 m.

6. Les palangriers posent des palangres. Une palangre est une longue ligne munie de milliers d'hameçons portant des appâts ou « boëtes ». Elle permet de pêcher de très gros poissons comme les requins et les raies.

Les pêches lointaines

Les bateaux qui pratiquent
la pêche au large partent 10
à 15 jours d'affilée en haute mer.
Les énormes chalutiers-usines
ou les thoniers congélateurs
s'en vont encore plus loin, pour
des campagnes de plusieurs
mois. Ces géants relâchent
parfois à Concarneau
ou à Lorient.

Chalutiers de Lorient et de Concarneau.

Une senne.

La pêche à la senne

Les thoniers senneurs congélateurs partent plusieurs mois vers les mers chaudes, au large de l'Afrique, pêcher le thon albacore et le thon blanc, ou thon germon. Équipé d'une senne coulissante, aux dimensions impressionnantes (1 500 mètres de long sur 150 mètres de large), le navire décrit un cercle pour enfermer le banc de thons dans la senne. Jusqu'à 150 tonnes de poissons peuvent être capturées d'un seul coup.

La grande pêche

La grande pêche est pratiquée par des chalutiers industriels pouvant atteindre 100 mètres de long. Ils voguent vers les mers froides, comme au large de la Norvège, pour pêcher le lieu noir, la morue et les espèces vivant en eau profonde. Pendant plus de 20 jours, les hommes sont organisés en bordées : une équipe travaille sur le pont pendant que l'autre se repose.

Coupe d'un chalutier

Sur la passerelle (1), le capitaine définit la route à l'aide de ses instruments de navigation et trouve les zones de pêche grâce à un appareil électronique. Pendant le chalutage, il prend la direction des opérations : il commande le treuil qui remonte le chalut.

Sur le pont arrière (2), les hommes de l'équipage manœuvrent le chalut. Sitôt pêché, le poisson est lavé, vidé et rangé sous la glace dans **la cale (3)**. À bord des chalutiers congélateurs, des machines peuvent transformer les poissons directement en filets qui seront congelés immédiatement, prêts à être livrés aux consommateurs.

Dans **la salle des machines (4)**, le chef mécanicien contrôle le moteur du bateau d'une puissance parfois supérieure à 5 000 chevaux. Il contrôle également la machine à fabriquer la glace et le groupe électrogène.

Le poste d'équipage (5) est composé d'une cuisine, du carré où l'équipage mange et se réunit, et de couchettes appelées « bannettes ».

Du bateau à la table

Du quai de débarquement
du port jusqu'à ton assiette,
le poisson a fait un long chemin
pour que tu puisses le manger
bien frais !

Sur le port

Le quai de débarquement **(1)**.
La grue décharge les caisses de poissons **(2)**.
Les dockers **(3)**. La criée **(4)**. Les ateliers
de mareyage **(5)**. La coopérative maritime **(6)**.
Les camions frigorifiques sont prêts à partir **(7)**.

Pêcheur de homards de Locquirec, début du XXᵉ siècle.

La criée

Dans les grands ports accueillant
les chalutiers industriels, il faudra te lever
tôt car le déchargement a lieu au petit matin.
Une grande activité règne alors sur les quais.
Les grues déchargent les lourdes caisses.
Les dockers, ouvriers portuaires, les portent
jusque dans un grand hangar distant
de quelques mètres. La vente aux enchères
peut commencer. Les mareyeurs
des commerçants grossistes,
se réunissent : c'est la criée.

Le produit de la pêche est placé dans des bacs de plastique
recouverts de quelques pelletées de glace.

La vente

Les prix sont annoncés à haute voix par le
crieur. Son langage semble incompréhensible
pour le non-initié. Par de petits signes
discrets, les mareyeurs indiquent qu'ils
souhaitent acheter tel ou tel lot de poissons.
Aujourd'hui, un grand nombre de criées sont
informatisées et les achats se font à partir
de boîtiers électroniques. Les mareyeurs
revendent ensuite par téléphone le poisson
qu'ils viennent d'acheter sous criée ;
leurs clients étant d'autres grossistes,
des poissonniers etdes restaurateurs. Dans
le magasin de marée, des employés s'affairent.
Tout est trié, empaqueté, étiqueté et rangé
sur des palettes.

La pêche au musée

Le musée de la Pêche
de Concarneau et le centre
Haliotika du Guilvinec te feront
découvrir les techniques
de pêche, la vie sur les chalutiers
et la chaîne du poisson.

Séchage des sardines
dans la conserverie de Loctudy
au début du XXᵉ siècle.

Toutes les étapes du conditionnement,
de la préparation à la mise en boîtes,
étaient effectuées par des femmes.

Spécialités

Chaque région côtière a
sa spécialité : la langoustine
des ports bigoudens, le thon
de Concarneau, la coquille
Saint-Jacques de Saint-Brieuc,
le pouce-pied de Belle-Île
ou le bar d'Audierne.

La coquille Saint-Jacques

La coquille Saint-Jacques est capturée au moyen
de dragues. La drague est formée d'une poche de mailles
métalliques, munie à l'avant de dents formant un râteau.
Le râteau sert à racler les fonds. Le navire s'appelle un dragueur.

La coquille Saint-Jacques vit dans
les fonds sablonneux de la baie
de Saint-Brieuc.

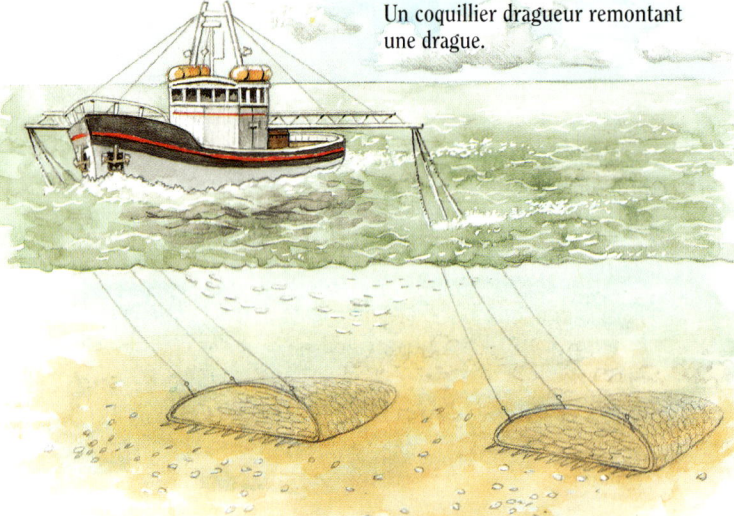

Un coquillier dragueur remontant
une drague.

Une pêche encadrée
Afin de préserver la ressource,
la pêche de la coquille Saint-
Jacques est autorisée les mois
d'hiver, selon des horaires
précis. Au jour dit et à l'heure
dite, à la minute près, tous
les navires quittent les quais
à toute vitesse pour être les
premiers à draguer la coquille.
Pour éviter le braconnage,
une surveillance aérienne est
organisée sur certaines zones.

Pêché à la ligne, le bar garde toutes ses qualités gustatives
et sa fraîcheur. Il est identifié grâce à une étiquette fixée
à l'ouïe, qui porte la mention « bar de ligne ».

Le bar

Le bar est traqué par les pêcheurs de la baie d'Audierne
dans les eaux dangereuses de la chaussée de Sein, à bord
de petites embarcations, des ligneurs. Il est pêché à la
ligne au lancer. Cette technique demande beaucoup
de patience car le bar est capricieux : s'il mord
à l'hameçon aujourd'hui, demain il le dédaignera.
On utilise aussi la palangre. Pour attirer le bar, la palangre
doit être maintenue entre deux eaux par des flotteurs.

Le pouce-pieds

Comme des montagnards, les pêcheurs de pouces-pieds escaladent les falaises de Belle-Île. Au pied de la roche, ils affrontent les flots et les paquets de mer qui déferlent. Les pêcheurs détachent les pouces-pieds à l'aide d'un marteau et d'un burin de maçon. Pour être autorisé à récolter des pouces-pieds, il faut une licence délivrée par l'administration maritime.

Le pouce-pied, un étrange crustacé, vit au pied des falaises abruptes et battues par les flots de Belle-Île et de Groix.

Le pouce-pied rapporte

Les pouces-pieds sont vendus à Lorient et exportés en Espagne. Les Espagnols en sont très friands et les savourent à l'apéritif. Ils les achètent plus de 300 euros le kilo ! Les prix pratiqués suscitent la convoitise des braconniers.

Bonne pêche !

En Bretagne, les parties de pêche rythment les vacances au bord de la mer. Voici quelques techniques, amusantes et simples, pour ramener une bonne friture à la maison !

Tiens bien ta canne à pêche et imprime à ta ligne un mouvement de va-et-vient pour donner à ton leurre l'allure d'un poisson.

La pêche à la traîne en bateau

Cette pêche consiste à traîner une ligne derrière ton bateau. Le montage le plus simple est d'utiliser soit un plomb, soit une planchette japonaise pour faire plonger la ligne à la bonne profondeur, ainsi qu'une mitraillette (série d'hameçons avec des plumes rouges ou blanches) ou bien un leurre (faux poisson en plastique équipé d'un hameçon). Avec cette technique, tu pêcheras des maquereaux, des bars et de petits lieus jaunes.

La pêche au lancer

Il faut une canne en fibre de verre munie d'un moulinet pour pouvoir lancer ta ligne à distance, depuis un bateau ou une jetée. Le bas de ligne peut être équipé de différentes façons : soit avec une cuiller que tu lanceras et ramèneras en permanence pour imiter un poisson ; soit avec un plomb et un appât accroché à un ou plusieurs hameçons pour attendre que ton poisson vienne mordre.

Tu peux aussi poser ta canne, mais pense à mettre à son extrémité un petit grelot qui t'avertira quand tu auras une « touche ».

Pêcheurs à la ligne sur la rivière d'Étel, dans le Morbihan.

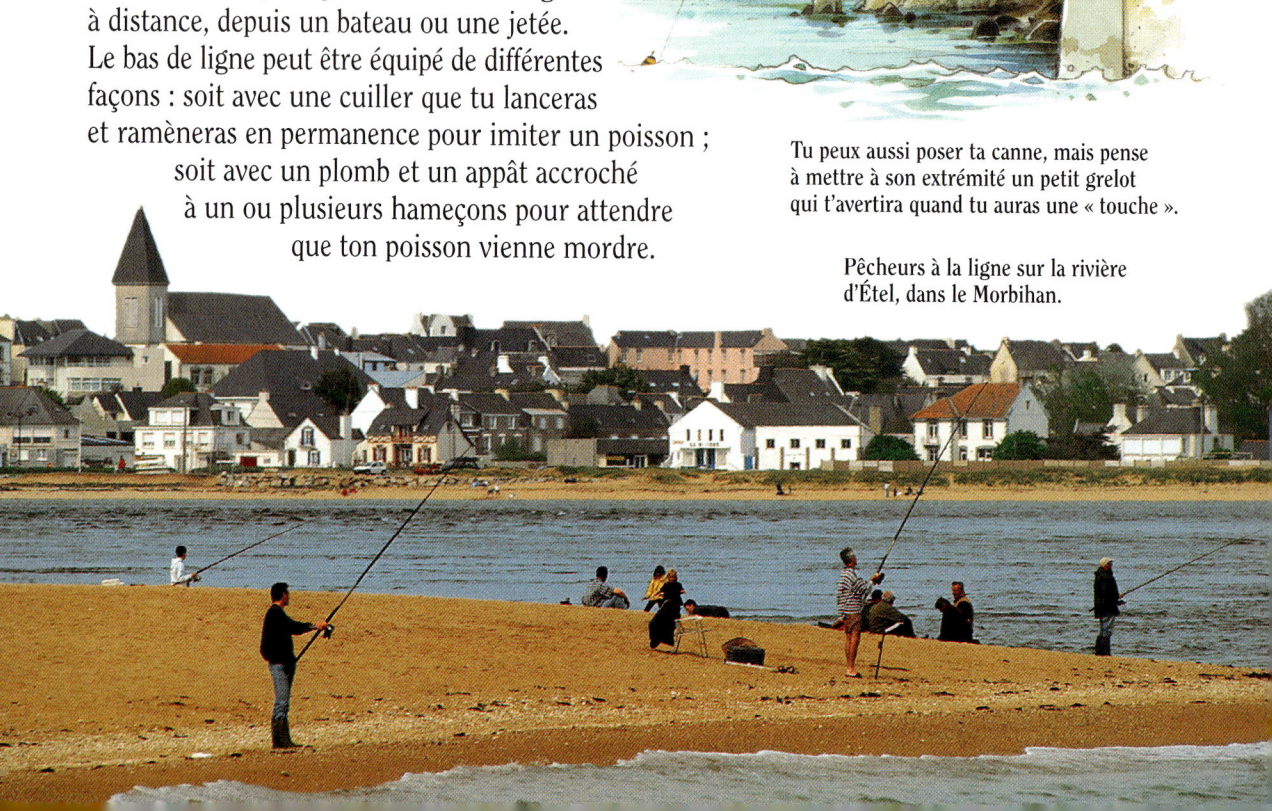

La pêche au carrelet

C'est une technique inspirée des grandes
pêcheries du sud de la Loire. Il s'agit
d'un filet, appelé carrelet, que l'on
descend à plat dans l'eau
jusqu'à ce qu'il touche le fond.
On jette ensuite au-dessus du filet
un appât constitué d'un mélange de sable et de coquillages
écrasés. Il faut attendre une quinzaine de minutes que
les poissons arrivent, avant de remonter très vite le filet.
Avec cette technique simple et sans hameçon, tu pêcheras
de petits poissons comme des éperlans, excellents en friture.
Tu peux aussi en faire des appâts pour la pêche au lancer.

La pêche au carrelet se pratique
également en pleine mer.

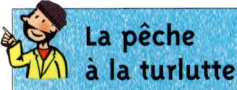

La pêche
à la turlutte

La turlutte est un hameçon
spécial pour les calmars
et les seiches que tu peux
pêcher pendant l'été, quand
ils se rassemblent en bancs
importants. Depuis une jetée
ou un bateau, tu donnes
à ta ligne un mouvement
de haut en bas jusqu'à ce que
le calmar se laisse prendre.

La ligne de fond

À marée basse, choisis un endroit
éloigné sur la grève pour poser
ta ligne que tu vas étaler sur
le sol. Il s'agit d'une ligne
d'une vingtaine de mètres
sur laquelle sont disposés,
tous les 15 centimètres, des hameçons munis d'appâts
(morceaux de poissons ou de coquillages). Tu fixeras
chaque extrémité de la ligne avec un poids
ou une grosse pierre. Reviens à la marée
basse suivante pour voir si
les poissons ont mordu !

Pour éviter que
tes appâts ne soient
mangés par les crabes
ou les bigorneaux,
installe de petits
flotteurs qui
maintiendront la ligne
à 10 cm au-dessus
du sol.

Les paysans de la mer

Savais-tu que les huîtres et les moules que tu manges sont pour la plupart cultivées ? Et que beaucoup d'entre elles viennent du Grand Ouest ? La Bretagne est en effet la principale région d'élevage de coquillages de France. C'est aussi celle où l'on récolte le plus d'algues.

La baie de Cancale est un important centre d'ostréiculture.

L'ostréiculture

L'ostréiculture (l'élevage des huîtres) est pratiquée en Bretagne Nord et Sud, de Cancale à la presqu'île de Rhuys. Les ostréiculteurs bretons fournissent environ un tiers des 210 000 tonnes d'huîtres élevées en France.

Les mois sans « r »

Les huîtres peuvent se manger toute l'année, mais il vaut mieux éviter les mois sans « r » (de mai à août) car, pendant cette période, elles sont prêtes à pondre et deviennent laiteuses.

Huître plate
Sa finesse et son prix en font un plat de fête !

Huître creuse
Si tu goûtes des huîtres de provenance différente, tu verras qu'elles n'ont pas la même saveur !

Les plates et les creuses

Deux types d'huîtres sont cultivées : la plate et la creuse. Il y a une trentaine d'années, la première a failli disparaître à cause d'un parasite. Depuis, sa production est limitée à quelques sites comme la rivière de Belon. La creuse, d'origine japonaise, est l'huître la plus courante.

Trois ans de soins

C'est seulement après 3 ans de soins constants que l'huître est prête à la consommation. La première étape consiste à capter les larves sur des collecteurs (des tuiles enduites de chaux par exemple). Ces larves, appelées naissain, deviennent de petites huîtres qui resteront sur les collecteurs quelques mois. Elles sont alors séparées les unes des autres, puis mises en sacs et disposées dans les parcs. Elles séjournent pendant 2 à 3 ans dans des bassins pour être affinées.

L'élevage des moules

L'élevage des moules (mytiliculture) est très répandu dans les grandes baies de la Bretagne Nord. Plusieurs techniques sont utilisées, dont la culture sur bouchots : les larves (ou naissain) se fixent sur des cordes horizontales tendues dans la zone de marée, puis les boudins de jeunes moules sont enroulés en torsades sur des pieux de bois, les bouchots.

Les goémoniers

Les goémoniers sont des marins-pêcheurs spécialisés dans la récolte des algues. Ce métier très ancien est une tradition de la côte nord du Finistère, région très riche en algues. Les récoltants ramassent le goémon échoué sur les grèves ou partent en mer avec des bateaux équipés de « scoubidous », moulinets motorisés qui arrachent les algues. Le déchargement a lieu à Lanildut, premier port goémonier d'Europe. Les algues sont ensuite séchées et transformées pour être utilisées dans les industries alimentaire et cosmétique.

Élevage de moules de bouchot.

Récolte du goémon à Porspoder. Pour en savoir plus sur le métier de goémonier, visite le musée de Plouguerneau, dans le Finistère Nord.

Le port de Brest est spécialisé dans les trafics frigorifiques avec notamment les exportations de volailles congelées.

La marine de commerce

Au fil des siècles, la marine de commerce a employé des générations de marins bretons partis gagner leur vie sur toutes les mers du globe. Aujourd'hui, 6 000 marins sont inscrits au commerce, dont la moitié navigue encore au long cours.

Les ports

Nantes-Saint-Nazaire, Lorient, Brest, Saint-Malo et Roscoff sont les plus grands ports de commerce de Bretagne avec un trafic supérieur à 500 000 tonnes chacun par an. Ils perpétuent la tradition bretonne d'envoyer bateaux et marins à travers le monde pour faire du commerce et échanger des marchandises. Dans les soutes des navires, les céréales, les engrais et les hydrocarbures ont remplacé le vin, le sel, les toiles, les épices, le café, le sucre et les soieries. Les grands voiliers ont fait place aux cargos et supertankers.

La Brittany Ferries

Cette compagnie maritime de Roscoff a été créée en 1972 pour exporter vers la Grande-Bretagne les légumes produits dans la région. Aujourd'hui, ses ferries transportent surtout des passagers vers l'Angleterre et l'Irlande, à partir de Roscoff et Saint-Malo pour la Bretagne. Son activité, très importante, représente 20 % de la marine de commerce française.

Les ferries transportent des personnes, mais aussi des voitures et des camions. Tous les ans, 2,5 millions de personnes traversent la Manche avec la Brittany Ferries.

Les « Johnnies » de Roscoff

C'est le nom donné par les Anglais aux marchands ambulants de Roscoff qui traversaient la Manche pour vendre leur production d'oignons. Au début du XXᵉ siècle, 1 500 Johnnies partaient tous les ans en Angleterre. Ils se groupaient à plusieurs et affrétaient un bateau. Pendant plusieurs mois, ils vendaient leurs bottes d'oignons en faisant du porte-à-porte. Ce commerce original a continué jusqu'à la fin du siècle : les derniers Johnnies livraient leurs clients anglais en voiture !

Made in Saint-Nazaire

Les navires marchands français de fort tonnage sont construits par les Chantiers de l'Atlantique de Saint-Nazaire : tankers de plus de 550 000 tonnes, méthaniers, paquebots de croisière… Cette grande activité industrielle qui a commencé au XIXᵉ siècle emploie encore de nos jours 4 600 personnes. Un écomusée installé sur le port propose de belles expositions sur le sujet. Tu peux également visiter l'*Espadon*, le premier sous-marin français à avoir navigué sous les glaces de l'Arctique en 1964.

Le lancement du *France* à Saint-Nazaire, le 12 mai 1960.

Des paquebots prestigieux

C'est à Saint-Nazaire qu'ont été construits les grands paquebots français, dont les célèbres *Normandie* et la série des *France*. Les chantiers ont également réalisé 3 des plus grands paquebots du monde : le *Sovereign of the Seas* en 1987, le *Monarch of the Seas* en 1991 et, en 1992, le *Majesty of the Seas* qui accueille 2 767 passagers !

La Marine nationale

Depuis des siècles, la Marine nationale est liée à l'histoire de la Bretagne, notamment à Brest, qui est le principal port militaire de l'Atlantique.

La grande époque de la Royale

La vocation maritime et militaire de Brest vient de sa position : le port, situé au fond d'une immense rade fermée par un goulet d'entrée, donne sur la Manche. Le port et les arsenaux furent créés par Richelieu au XVIIe siècle, puis développés par Colbert et Vauban. Brest devint alors le grand port de la Marine royale, où l'on construisait et armait les navires. La rade était alors le mouillage principal de la flotte française. Ce fut également le point de départ d'importantes expéditions scientifiques.

De la marine à voile aux porte-avions

Depuis leur création jusqu'à nos jours, les arsenaux de Brest ont donné naissance à des centaines de bateaux : vaisseaux de la Royale, bateaux à vapeur et à hélice du XIXe siècle, navires de guerre contemporains comme le *Foch*, le *Clemenceau* ou la *Jeanne d'Arc*. Le dernier en date est le *Charles de Gaulle*, premier porte-avions à propulsion nucléaire.

Le pompon des mousses

Le pompon rouge des mousses de la Marine est un symbole de Brest. Il paraît même qu'il porte bonheur si on le touche ! En plus, il est très utile : sa laine fine et très serrée permet d'amortir les chocs quand les marins se cognent la tête aux plafonds des coursives des bateaux !

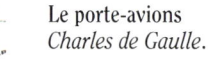

Le porte-avions *Charles de Gaulle*.

Visite l'arsenal

L'arsenal organise des visites guidées durant l'été (pièce d'identité obligatoire). 2 circuits différents sont proposés, chacun comprenant la visite d'un navire de guerre.

Le port de Brest, en 1774.

L'Étoile et La Belle Poule

Ces 2 belles goélettes étaient au départ destinées à la pêche en Islande. Aujourd'hui, ce sont des bateaux-écoles pour les élèves de la Navale. Elles sont souvent mouillées au pied du château et participent également aux grands rassemblements de bateaux du monde entier.

L'Étoile, l'une des 2 superbes goélettes de l'École navale.

La tour Tanguy du château de Brest.

Le château

Cette énorme forteresse est le témoin de la grande époque de la Royale. Elle abrite aujourd'hui la préfecture maritime et le musée de la Marine. Tu y découvriras l'histoire de la flotte brestoise et de la construction navale. Un sous-marin de poche allemand y est également exposé pour évoquer Brest pendant la Seconde Guerre mondiale.

Tonnerre de Brest !...

La célèbre expression du capitaine Haddock dans Tintin serait, à l'origine, le bruit du canon qui pendant 300 ans régla la vie de la ville matin et soir. On dit aussi qu'elle désignerait le coup de canon donné autrefois lors de l'évasion d'un forçat du bagne de Brest pour prévenir la population.

Les sous-marins de l'Île-Longue

Depuis 1970, l'Île-Longue (qui est en fait une presqu'île de la rade de Brest) abrite la base des sous-marins lanceurs d'engins de la Marine nationale. Il est bien sûr absolument interdit de s'en approcher et encore moins de prendre des photos !

Le code de la mer

Comme sur les routes, la mer dispose d'une signalisation particulière qui permet aux marins de se repérer et d'éviter les endroits dangereux. Ce sont les phares et les balises que tu vois le long de la côte. Ces feux et ces marques ont un sens bien précis, si on connaît leur langage !

À l'entrée d'un port

Les bateaux ne vont pas tout droit pour entrer dans un port ! Ils passent par un chenal, délimité par des balises. En venant de la mer, il faut toujours laisser les balises vertes surmontées d'un cône à tribord (à droite du bateau) et les balises rouges surmontées d'un cylindre à bâbord (à gauche). Pour t'en souvenir, retiens cette phrase : « TRICOT VERT (pour TRIbord CÔne VERT) et BAS SI ROUGE (BÂBord CYlindre ROUGE) ».

Nord
Ouest
Est
Mer
Sud

Zone réservée à la baignade

Port

Chenal

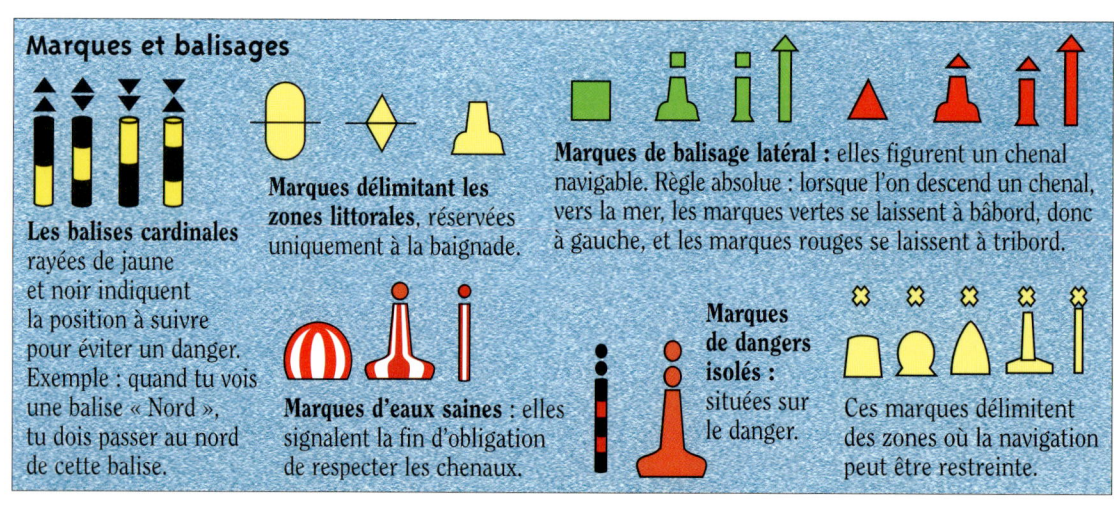

Marques et balisages

Les balises cardinales rayées de jaune et noir indiquent la position à suivre pour éviter un danger. Exemple : quand tu vois une balise « Nord », tu dois passer au nord de cette balise.

Marques délimitant les zones littorales, réservées uniquement à la baignade.

Marques d'eaux saines : elles signalent la fin d'obligation de respecter les chenaux.

Marques de balisage latéral : elles figurent un chenal navigable. Règle absolue : lorsque l'on descend un chenal, vers la mer, les marques vertes se laissent à bâbord, donc à gauche, et les marques rouges se laissent à tribord.

Marques de dangers isolés : situées sur le danger.

Ces marques délimitent des zones où la navigation peut être restreinte.

La nuit

La nuit, c'est la couleur et le rythme des feux qui permettent d'identifier les balises et les phares. Ainsi, les marins peuvent connaître leur position en cherchant dans le livre des feux celui qui correspond à leur observation. Distingue toi aussi les feux de ta zone selon leur lumière (blanche, rouge ou verte) et leur rythme : fixe, à éclats (temps de lumière court), à occultations (temps de lumière plus long que le temps d'obscurité), scintillant, isophase (temps de lumière égal au temps d'obscurité).

Le phare du Créac'h, sur l'île d'Ouessant.

Dans le brouillard

Par temps de brouillard, tu entendras souvent des sifflements étranges (et un peu tristes !) venant de la mer : ce sont les signaux sonores que font les bouées et les phares pour se signaler aux marins.

Les phares bretons

Parsemé de dangers, le littoral breton est depuis longtemps signalé par toute une série de phares (le tiers des feux français) qui protègent la route des navires. Certains sont sur le continent, d'autres en mer. L'un des feux les plus puissants du monde est le phare du Créac'h à Ouessant, qui a une portée de 61 kilomètres. L'un des plus anciens est le phare du Stiff, toujours à Ouessant. Construit par Vauban, il est aujourd'hui entièrement automatisé.

Le phare du Stiff, sur l'île d'Ouessant.

Tu peux visiter :

Le phare de l'île Vierge (près de l'Aber-Wrac'h), le plus haut d'Europe, avec 77 mètres et 392 marches à monter !
Celui de Saint-Mathieu près du Conquet.
Le phare d'Eckmühl (à Penmarc'h), haut de 65 mètres.
Le joli musée des Phares et Balises installé au bas du phare du Créac'h à Ouessant, qui présente la grande histoire technologique et humaine de la signalisation maritime.

Le phare de l'île Vierge.

Des phares et des hommes

Certains phares bretons sont entrés dans la légende : ce sont les feux construits en pleine mer, au prix d'efforts et de dangers considérables. Aujourd'hui automatisés, ces phares étaient habités il n'y a pas longtemps par des gardiens qui s'occupaient de leur fonctionnement et de leur entretien. Imagine la vie de ces hommes, seuls au milieu de l'océan !

Ar Men

Situé au large de l'île de Sein, dans une zone très dangereuse, ce phare demanda 14 années de travail, de 1867 à 1881. Ce sont les pêcheurs de l'île qui le construisirent. Ils devaient s'attacher à la roche avec une corde pour ne pas être emportés par une lame. La première année, ils ne purent travailler que 8 heures !

Au large de l'île de Sein, Ar Men.

La Jument

Au large d'Ouessant, le feu fut commencé en 1904 grâce à un legs de Charles-Eugène Potron qui avait failli faire naufrage dans les parages. La condition était que le phare soit réalisé en 7 ans. Ce qui fut fait, au prix d'énormes risques : le rocher sur lequel était construit le phare était entièrement recouvert à marée haute, au milieu de courants très violents.

Le phare de la Jument.

Kéréon

Au sud-est d'Ouessant, Kéréon est bâti sur l'écueil de Men Tensel (« la Pierre hargneuse » en breton !). Entamé en 1907, le chantier fut réalisé dans des conditions extrêmes, la mer détruisant parfois la maçonnerie élevée la veille. Aujourd'hui électrifié grâce à une éolienne, il est le dernier phare en mer à être habité, pour conserver la tradition des gardiens de phare.

Kéréon est surnommé « le Palace », à cause de son intérieur magnifique. Les gardiens dorment dans des lits clos pour s'isoler du bruit du vent et de la mer !

La vie des gardiens de phare

Autrefois, tous les phares étaient gardés en permanence par des hommes chargés d'en assurer le fonctionnement et l'entretien. Ils y restaient pendant au moins 15 jours consécutifs, coupés du monde, et se relayaient jour et nuit. Quand la tempête empêchait le bateau de la relève d'approcher, leur séjour pouvait être prolongé de plusieurs semaines.

Au moment de la relève, les gardiens devaient se transformer en acrobates pour entrer ou sortir du phare.

Kéréon.

Lecture

De nombreux livres passionnants ont été écrits sur les phares et leurs gardiens. Par exemple : *Feux de mer* de Louis Le Cunff et *Un feu s'allume sur la mer* d'Henri Queffélec. Pour la petite histoire, les phares en mer étaient classés par leurs gardiens dans « l'enfer » et ceux construits à terre dans « le paradis ».

La mer sous surveillance

Tous les jours, de nombreux bateaux de pêche, de commerce ou de plaisance naviguent le long des côtes de Bretagne. Pour éviter les naufrages et les pollutions, surveiller les navires et leur porter secours quand ils en ont besoin, un important dispositif est en place, sur terre comme sur mer.

À Ouessant, la tour radar du Stiff est la sentinelle de l'entrée de la Manche.

Le rail d'Ouessant

À l'entrée de la Manche, au large d'Ouessant, le trafic maritime est l'un des plus importants du monde. Il a donc fallu, par mesure de sécurité, le réglementer : les cargos et les pétroliers rentrant et sortant de la Manche doivent emprunter des « rails » de navigation. La tour radar et le sémaphore du Stiff, à Ouessant, les surveillent jour et nuit.

Les Cross

Les Cross sont les centres régionaux opérationnels de surveillance et de sauvetage. Ce sont eux qui coordonnent les opérations de secours en mer. Il y en a 2 en Bretagne : le Cross Corsen pour la Manche Ouest et le Cross d'Étel pour l'Atlantique. 24 h sur 24, les Cross reçoivent les alertes de bateaux en difficulté par le canal 16 (la fréquence radio d'urgence utilisée en mer), les sémaphores ou les postes de secours côtiers. Ils font appel alors à la Marine nationale, aux pompiers ou aux sauveteurs en mer qui interviennent.

Installé à la pointe de Corsen, près du Conquet, le Cross Corsen veille sur un secteur allant du Mont-Saint-Michel à Penmarc'h.

Quand l'intervention par la mer n'est pas possible ou qu'il faut évacuer en urgence des marins, ce sont les hélicoptères qui prennent le relais.

L'Abeille *Flandre*

Ce remorqueur de haute mer, basé à Brest, appareille dès que la tempête souffle sur Ouessant. Il intervient à n'importe quelle heure du jour ou de la nuit pour remorquer les bateaux en difficulté au large des côtes de Bretagne. Depuis plus de 20 ans, les équipages de l'Abeille *Flandre* ont sauvé des centaines de vies et ont secouru de nombreux pétroliers ou transporteurs chimiques, évitant ainsi bien des catastrophes.

L'Abeille *Flandre*.

Les sauveteurs bretons

La Société nationale de sauvetage en mer est une institution ancienne, qui, au cours de son histoire, a secouru des milliers de bateaux et de personnes. Dans leurs stations implantées le long des côtes, les équipages de marins bénévoles sont prêts à prendre la mer à la demande du Cross. Leurs canots « tous temps » insubmersibles leur permettent de naviguer dans des conditions extrêmes. Environ 600 personnes doivent la vie aux sauveteurs en mer chaque année.

Les bénévoles de la SNSM sauvent des vies parfois au péril de la leur.

L'été de tous les dangers

Le danger ne réside pas seulement en pleine mer, il existe aussi près du bord, là où tu te baignes, fais de la plongée, de la planche à voile ou du dériveur. Pour éviter les accidents, maîtres nageurs, pompiers, CRS ou sauveteurs surveillent pendant l'été certaines plages très fréquentées. Encore faut-il que tous ceux qui pratiquent des sports nautiques respectent les mesures de sécurité et soient prudents... ce qui n'est pas toujours le cas !

Marées noires et pollution

Brassée par les vents et les courants, la mer paraît très pure en Bretagne. Pourtant, elle est victime elle aussi de pollutions. Les plus spectaculaires sont les marées noires, mais il y en a d'autres, moins visibles mais tout aussi nocives.

Dépôt de mazout sur une coque de bateau.

Le naufrage du pétrolier *Erika* en 1999.

Le naufrage de l'*Erika*

Des plages et des rochers noirs de mazout, des oiseaux morts, englués dans le pétrole, des gens de la mer désespérés : ces terribles images, tu les as sûrement déjà vues, à la télévision ou dans les journaux. Les dernières datent de 1999, lors du naufrage du pétrolier *Erika*, appartenant au groupe Total Fina, au large de la pointe sud du Finistère. Près de 12 000 tonnes de fuel lourd se sont échappées du navire, provoquant la plus grande marée noire vue en France depuis longtemps. C'est aussi la catastrophe qui a provoqué la plus grande hécatombe d'oiseaux de mer, en particulier de guillemots.

La clinique des oiseaux mazoutés

C'est la clinique de la Ligue pour la protection des oiseaux (LPO) de l'île Grande, située dans les Côtes-d'Armor, qui a coordonné durant la catastrophe de l'Erika le plan national de sauvetage des oiseaux mazoutés. Le bilan est lourd : sur les 64 000 oiseaux ramassés, 2 000 seulement ont pu être sauvés et relâchés. Sans compter ceux qui sont morts au large…

La Bretagne très exposée

La Bretagne est très exposée aux risques de marées noires car la moitié du trafic mondial d'hydrocarbures passe au large de la péninsule. Depuis 1967, il y a eu 8 catastrophes, dont celles du *Torrey Canyon* de l'*Amoco Cadiz* et du *Tanio*.

Marée noire de l'*Amoco Cadiz*, en 1978.

Des mesures de sécurité

Pour éviter de nouvelles marées noires, des mesures ont été prises au plan national et international : plan français de prévention et de lutte (Polmar), fonds international d'indemnisation, réglementation de la circulation en Manche, surveillance, création à Brest d'un laboratoire de recherche… Après 11 années sans catastrophe, le naufrage de l'*Erika* a montré qu'il fallait rester vigilant et renforcer ces mesures.

MAZOUTE AUJOURD'HUI RADIO-ACTIF DEMAIN !
comité anti-marée noire
CENTRE SOCIAL BELLEVUE 1, RUE P.TREPOS BREST TEL: 03 08 69

L'affiche du comité anti-marée noire.

Pollution chronique

En dehors des accidents spectaculaires, la mer est surtout polluée par les rejets clandestins de pétroliers qui nettoient leurs cuves en mer. Cette pratique est strictement interdite depuis 1983, mais certaines compagnies peu scrupuleuses continuent de le faire !

Marées vertes

Sur certaines plages et fonds de baie, tu remarqueras des algues qui couvrent le sable d'un épais manteau vert et dégagent en séchant une odeur pestilentielle. Ce sont des laitues de mer (ou ulves) qui prolifèrent avec la chaleur et la concentration de nitrates. Cette pollution est directement liée à l'agriculture intensive, notamment aux élevages industriels de porcs.

Pour combattre les algues vertes, faut instaurer une agriculture plus respectueuse de l'environnement.

Voile passion

Compétitions, régates ou simples promenades sur l'eau, la pratique de la voile est une passion partagée par de nombreux Bretons, petits et grands. Et toi, tu n'as pas envie d'essayer ?

S'initier

L'Optimist est le bateau idéal pour s'initier à la voile. Il a été spécialement conçu pour que les enfants découvrent seuls et sans danger les rudiments de la navigation. Au début du stage, tu navigueras avec un camarade, et vous apprendrez tous les 2 à « sentir le vent » avec 2 petites voiles triangulaires appelées « papillon ». Quand tu te sentiras bien à l'aise sur ton bateau, tu pourras naviguer tout seul.

Voiles de Hobie Cat.

Un monocoque dans la rade de Brest.

Optimist sur l'eau.

Stage mode d'emploi

Sur tout le littoral, de nombreuses écoles de voile proposent des stages et des cours de différents niveaux. Pour t'inscrire à un stage de voile, il suffit que tu présentes ton brevet de natation et un certificat médical. Le stage dure 5 jours et les cours ont lieu à la demi-journée, le matin ou l'après-midi. Les gilets de sauvetage sont fournis par l'école. Tu n'as pas besoin d'habits particuliers : un short, un coupe-vent et des chaussures qui ne craignent rien feront l'affaire.

Monocoques et multicoques

Il y a 2 grands types de bateaux :
les monocoques (à une coque)
et les multicoques (à plusieurs coques).
Dans cette catégorie on trouve les catamarans
(2 coques identiques), les trimarans
(1 coque et 2 flotteurs latéraux).
Question gréement (la voilure), le sloop
est le plus répandu de nos jours avec un mât
unique, une grand-voile et un foc.

Régates ou simples promenades au fil de l'eau, la pratique
de la voile reste une des grandes passions des amoureux
de la Bretagne.

Hobie Cat
Rapide, technique et très « fun », le Hobie Cat
est le plus célèbre des catamarans de sport.
Il existe différents modèles
plus ou moins puissants,
à commencer par
le Hobie 13 destiné
aux enfants.

Caravelle
La Caravelle est un dériveur bien
stable qui permet d'embarquer jusqu'à
6 personnes. Idéal pour faire
une balade en famille
ou s'initier
à la voile.

Laser
Sensations garanties
pour les skippers qui
se transforment en
véritables trapézistes

Les aventuriers des temps modernes

Les courses au large, les grands navigateurs et leurs géants des mers font rêver tous les amoureux de la voile. La Bretagne est le grand rendez-vous de ces aventuriers des temps modernes.

Fujicolor, barré par Loïc Peyron.

Quelques grands marins bretons

Olivier de Kersauson a gagné le Trophée Jules Verne en 1997.

Alain Gautier a gagné la course en solitaire du Vendée Globe en 1992-1993.

Florence Arthaud a battu le record de la traversée de l'Atlantique Nord, puis a gagné en 1990 la Route du Rhum.

Les frères Peyron, Bruno et Loïc, se sont illustrés dans plusieurs domaines : courses au grand large, création et organisation de courses, construction navale.

Des multicoques
à La Trinité-sur-Mer.

Les courses au large

Route du Rhum : transat française en solitaire, part de Saint-Malo pour gagner Pointe-à-Pitre en Guadeloupe. Elle a lieu tous les 4 ans.

Lorient - Saint-Barth : cette régate transatlantique en double se déroule tous les 2 ans depuis 1992.

Figaro : c'est une course en solitaire disputée tous les ans entre la Bretagne, l'Irlande et l'Espagne sur des monotypes, c'est-à-dire que tous les bateaux sont les mêmes.

Trophée Jules Verne : s'inspirant du *Tour du monde en 80 jours* de Jules Verne, des navigateurs français ont créé en 1990 ce trophée récompensant le tour du monde le plus rapide à la voile, avec pour point de départ et d'arrivée une ligne tracée entre le cap Lizard, en Angleterre, et l'île d'Ouessant.

La Trinité-sur-Mer

Près de Carnac, La Trinité-sur-Mer
est « La Mecque » de la voile et le port
des grands navigateurs. En te promenant
sur les quais, tu auras peut-être l'occasion
de croiser l'un d'entre eux et d'admirer
leurs bateaux gigantesques. Chaque année,
des régates prestigieuses offrent un spectacle
magnifique sur le plan d'eau.

Le port de La Trinité-sur-Mer.

L'épopée des *Pen Duick*

Les *Pen Duick* sont les célèbres bateaux
d'Éric Tabarly. Leur nom breton veut dire
« mésange à tête noire ». Le premier
Pen Duick est un cotre centenaire sur
lequel Éric Tabarly apprit à naviguer
quand il était enfant. Plus tard,
il construisit 5 voiliers du même
nom, qui se distinguèrent tous dans
la conquête du large. *Pen Duick III*
est une magnifique goélette qui eut
une très longue carrière. Le *IV* est un
grand multicoque de compétition qu'Alain
Colas rebaptisa *Manureva* et qui disparaîtra
en mer dans la Route du Rhum 1978.
Viendront ensuite le *V*, vainqueur de la
Transpacifique, et le *VI*, avec lequel Tabarly
boucla la course autour du monde.

Éric Tabarly, marin légendaire, décédé en mer en 1998,
a tout inventé de la voile moderne et a formé une longue
lignée de navigateurs français de course au grand large :
Alain Colas, Marc Pajot, Loïc Caradec, Olivier
de Kersauson…

Pen Duick.

Les « formules 1 » des mers

Les grands voiliers
de course sont de
véritables « formules
1 » des mers, de plus
en plus sophistiqués.
Geronimo, le nouveau
bateau d'Olivier
de Kersauson, est
le plus grand trimaran
de course du monde.

Dans le Finistère Sud, la pointe de la Torche est un spot de planche connu du monde entier.

Le paradis des sports de glisse

Avec ses sites prestigieux, ses compétitions, ses clubs et ses milliers de pratiquants, la Bretagne est le paradis des sports de glisse, sur terre comme sur le sable. Et pour ceux qui préfèrent le contact avec la nature et le calme, il reste le kayak de mer !

La planche à voile

Pour faire de la planche à voile, il faut du vent, et, en Bretagne, ce n'est pas ce qui manque ! La région comporte de nombreux sites (appelés des « spots ») adaptés à tous les niveaux, de la balade dans des eaux abritées aux sauts dans les vagues. Mais avant d'en arriver là, mieux vaut que tu prennes des cours dans l'un des nombreux centres nautiques du littoral.

 **Un grand champion**

Né à Crozon en 1966, Patrick Belbéoc'h est le planchiste breton le plus titré : il a remporté 4 fois le championnat de France de funboard et a été champion du monde « vagues » en 1996.

Surf et bodyboard

Le surf est un sport technique, qui demande pas mal de patience avant de pouvoir tenir debout sur la planche et glisser sur la pente de la vague. Mais quelles sensations !
Le bodyboard, lui, est une petite planche sur laquelle on surfe allongé. C'est simple, pas cher, et amusant. Il existe des écoles de surf à Dinard (Ille-et-Vilaine), Brest, Crozon, Audierne, la Torche (Finistère), Guidel-Plage, Quiberon et Plouharnel (Morbihan).

Des bodyboards.

Char à voile

Pas de long apprentissage pour le char à voile : au bout d'une heure de cours, un débutant peut se débrouiller sur un trajet simple. Les principaux endroits où tu peux t'initier sont Cherrueix (Ille-et-Vilaine), Plestin-les-Grèves (Côtes-d'Armor), Santec, Plouescat, Plounéour-Trez (Finistère Nord), Pentrez, la Torche (Finistère Sud) et Quiberon (Morbihan).

Le kayak de mer

Le kayak de mer est un moyen idéal pour découvrir les coins et recoins du littoral breton, s'approcher des oiseaux sans les effrayer, ou débarquer sur les îles. En prenant des cours, tu apprendras rapidement à manier l'embarcation avant de faire une randonnée nautique avec un moniteur. Un conseil : ne pars jamais seul !

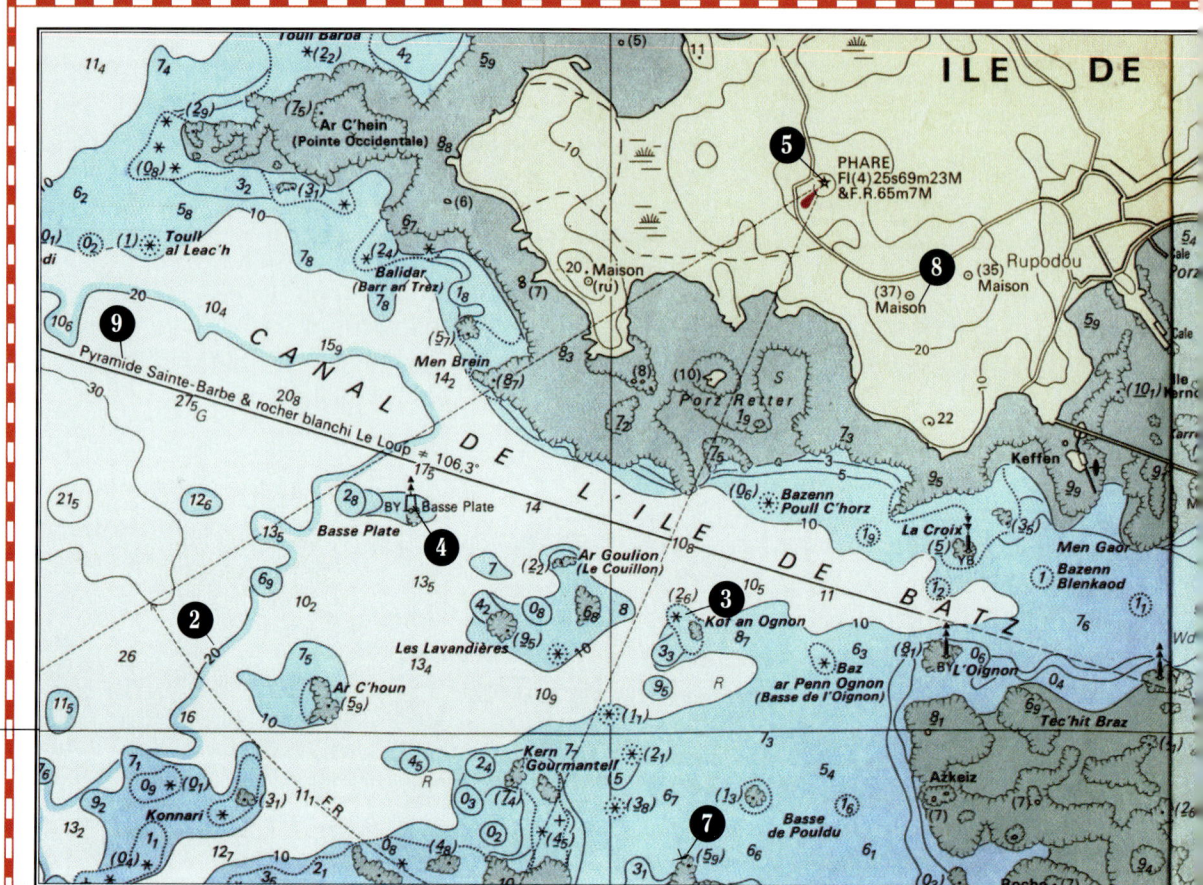

Les passe-temps du moussaillon

Apprends à lire une carte marine et à faire des nœuds marins.

Lire une carte marine

Les cartes marines sont passionnantes à regarder : elles te donnent une foule de renseignements très précis sur les côtes et le fond de la mer. Ces indications sont très utiles quand tu es en bateau pour choisir la route la plus courte et la plus sûre, mais aussi quand tu te promènes le long de la côte. Tu trouveras la carte marine de ton secteur à la coopérative maritime.

Carte marine secteur île de Batz

Les méridiens indiquent toujours le nord **(1)**. Le croisement avec un parallèle permet de se situer. Ici : 4° de longitude ouest et 44 minutes de latitude nord. Ligne indiquant la profondeur (ici 20 m) **(2)**. Rocher émergeant de 2,6 m au-dessus de l'eau à marée basse **(3)**. Balise signalant un danger **(4)**. Phare et ses caractéristiques lumineuses **(5)**. Mouillage conseillé pour les bateaux **(6)**. Épave **(7)**. Amer **(8)**. Alignement de 2 amers à suivre pour rentrer dans le port **(9)**. Feux d'entrée du port **(10)**.

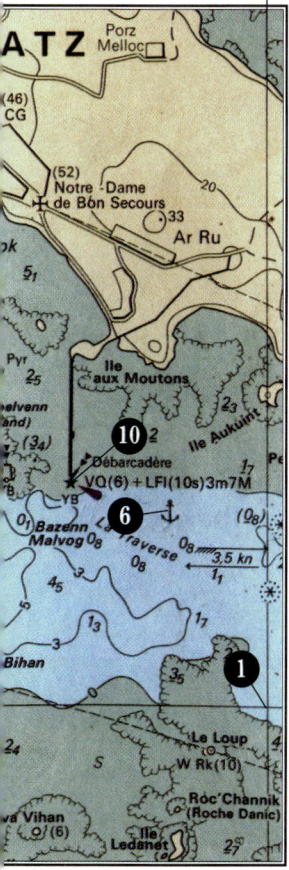

Des nœuds très pratiques

Dans la marine, il existe une multitude de nœuds. Apprends à faire les plus courants, qui te serviront sur un bateau mais aussi dans la vie quotidienne.

Le nœud en huit se fait à l'extrémité d'un cordage.

Le nœud de cabestan est employé couramment pour amarrer un bateau ou attacher n'importe quoi.

Le nœud de chaise est à multiples usages. Pour retrouver l'ordre dans lequel il faut former les boucles, souviens-toi de cette phrase : « Le serpent sort du puits, tourne autour de l'arbre et rentre dans le puits. »

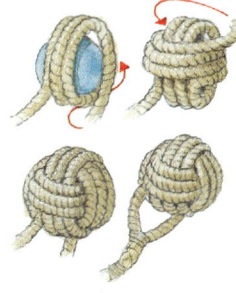

La pomme de touline est utilisée pour lester un cordage avant de le lancer, elle peut faire aussi en miniature un joli porte-clés.

Un voilier en bouteille

Choisis une bouteille dont le corps et le goulot sont larges (par exemple une bouteille de jus de fruits). **1.** Avec un crochet, étale au fond de la pâte à modeler bleue ou verte. **2.** Sculpte la coque dans un morceau de bois tendre, peins-la et perce des trous pour y poser les mâts. **3.** Colle de petites cales en allumette devant chaque trou. **4.** Colle de petites voiles en papier sur des allumettes dont tu auras coupé le bout rouge. **5.** Relie la poupe, les mâts et la proue avec un long fil à pêche. **6.** Glisse le voilier, mâts baissés, dans la bouteille et colle-le sur la pâte à modeler. **7.** Tire doucement sur le fil pour lever les mâts et coince-le avec le bouchon.

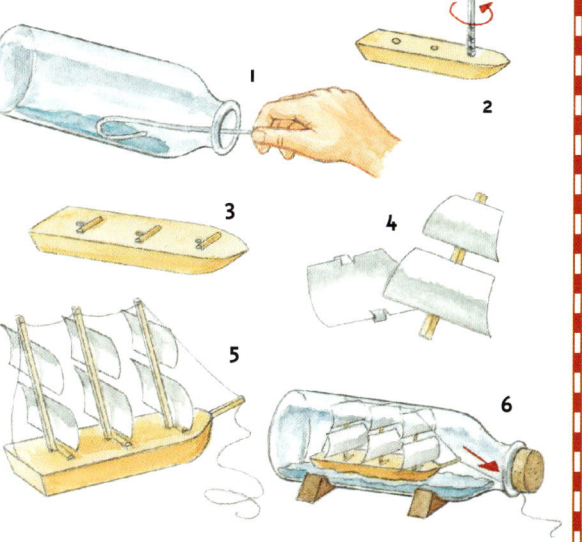

Explorateurs et corsaires

De la découverte de nouvelles terres aux exploits des corsaires, l'histoire maritime bretonne est riche de grands navigateurs et redoutables guerriers des mers. Leurs exploits, parfois sanglants, sont devenus légendaires.

La Bretagne, terre de corsaires

Pendant des siècles, de nombreux ports bretons ont produit des corsaires et ont pratiqué la guerre de course : Saint-Malo, Nantes, Lorient, Morlaix ou Roscoff. Cette activité fit la fortune et la gloire de certains armateurs et capitaines, mais il ne faut pas oublier qu'elle a été aussi très meurtrière.

Les corsaires ne sont pas des pirates !

Les corsaires, qui arment leurs propres bateaux, ont l'autorisation officielle d'attaquer les navires ennemis en temps de guerre et de les piller. Ils partagent avec l'État leur butin. Ce qu'on appelle « la guerre de course » a été réglementé sous Louis XIV comme un moyen pour l'État de compenser la faiblesse de la marine de guerre française. Elle a été abolie en 1856.

Jacques Cartier

Né à Saint-Malo, Jacques Cartier découvre le Canada en 1534, alors qu'il avait été chargé par le roi François Iᵉʳ de trouver une nouvelle route vers l'Asie. À bord de la *Grande Hermine*, il remonte le Saint-Laurent jusqu'au site de la future ville de Montréal.

Yves Joseph de Kerguelen

Ce navigateur et explorateur breton est né en 1734 au manoir de Trémarec à Landudal (Finistère). Après plusieurs expéditions, il découvre en 1772 les îles de la Fortune et l'archipel qui porte aujourd'hui son nom.

Les corsaires de Saint-Malo

René Duguay-Trouin est célèbre pour ses qualités de marin et son audace. Son exploit le plus spectaculaire est, en 1711, la prise de Rio de Janeiro. Anobli et riche, il finit sa carrière comme commandant de la Marine.

Robert Surcouf, le « roi des corsaires » de Saint-Malo, a commencé comme mousse à 13 ans. Devenu capitaine, il s'illustre par la prise de nombreux vaisseaux ennemis et devient un héros, en 1800, avec la capture du *Kent*, redoutable vaisseau anglais. À Saint-Malo, tu peux voir sa statue sur un bastion, le sabre à la main, ainsi que sa tombe au cimetière de Rocabey.

René
Duguay-Trouin.

Robert Surcouf.

Le Renard, à Saint-Malo.

Le Renard

Ce cotre corsaire fut le dernier bateau de Surcouf en 1814. Tu peux voir sa réplique, construite il y a quelques années, dans le port de Saint-Malo.

Épopées maritimes

Commerce maritime
aux quatre coins
de la planète, pêche
à la morue à Terre-Neuve...
Dans toute leur histoire, les Bretons
ont parcouru les mers pour gagner leur vie,
dans des conditions souvent très dures.

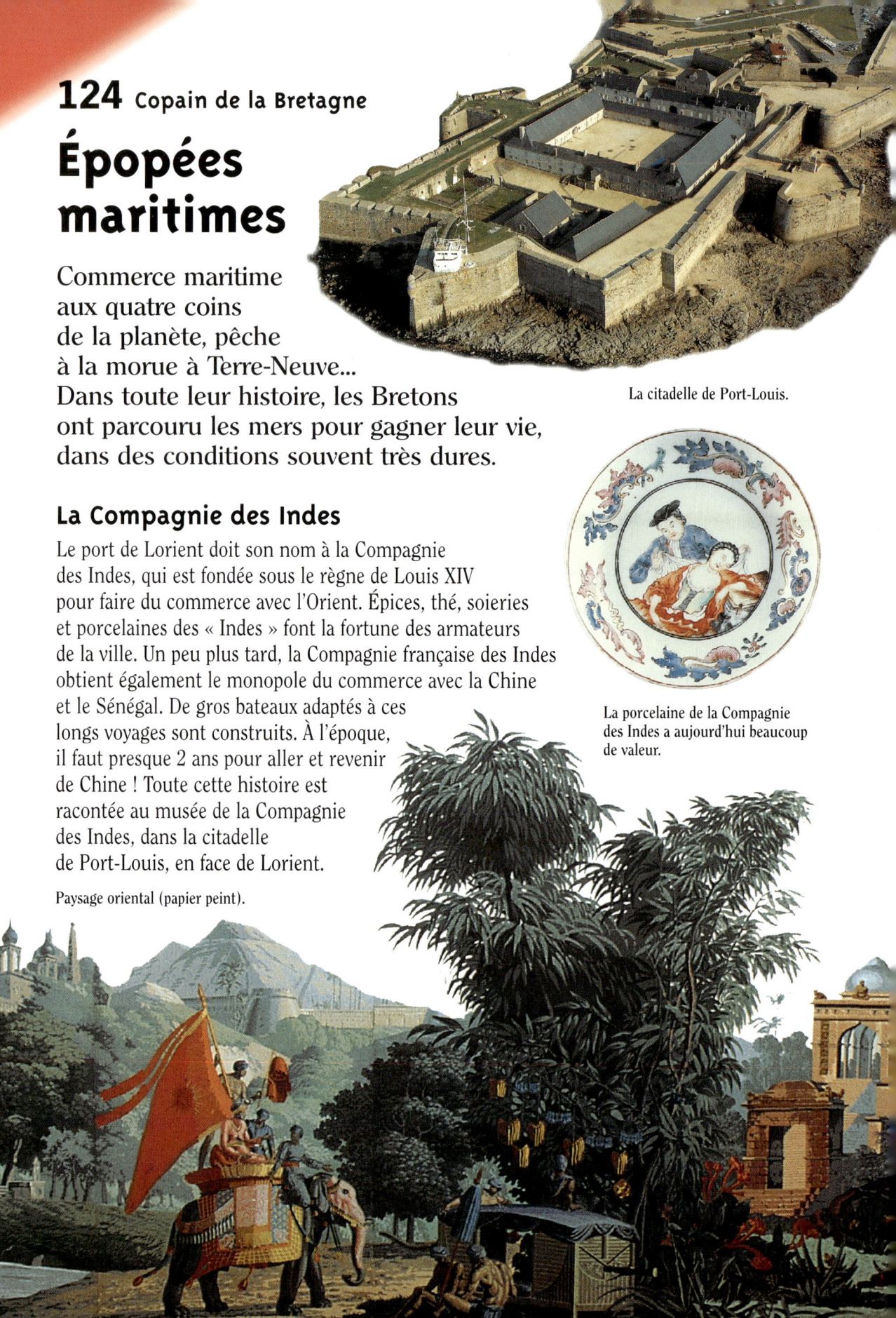

La citadelle de Port-Louis.

La Compagnie des Indes

Le port de Lorient doit son nom à la Compagnie
des Indes, qui est fondée sous le règne de Louis XIV
pour faire du commerce avec l'Orient. Épices, thé, soieries
et porcelaines des « Indes » font la fortune des armateurs
de la ville. Un peu plus tard, la Compagnie française des Indes
obtient également le monopole du commerce avec la Chine
et le Sénégal. De gros bateaux adaptés à ces
longs voyages sont construits. À l'époque,
il faut presque 2 ans pour aller et revenir
de Chine ! Toute cette histoire est
racontée au musée de la Compagnie
des Indes, dans la citadelle
de Port-Louis, en face de Lorient.

La porcelaine de la Compagnie
des Indes a aujourd'hui beaucoup
de valeur.

Paysage oriental (papier peint).

Le navire négrier *La Marie Séraphique*, en 1772.

La traite des Noirs

Au XVIIIᵉ siècle, Nantes est le grand port de commerce avec les Antilles, mais aussi de la traite des Noirs. Les navires nantais échangent des objets contre des esclaves. Ils les vendent ensuite en Amérique d'où ils rapportent du café, du rhum, du sucre de canne. On estime que les Nantais ont vendu environ 350 000 esclaves aux Antilles pendant le XVIIIᵉ siècle.

Mascaron de type négroïde ornant l'entrée d'un hôtel particulier nantais.

Les cap-horniers de Saint-Malo

En 1701, le Malouin Gouin de Beauchesne, est le premier Français à doubler d'ouest en est le cap Horn (pointe extrême d'Amérique du Sud), qui deviendra un passage important pour les expéditions commerciales : argent de Bolivie, or de Californie, laine d'Australie, nitrates du Chili sont transportés par de grands voiliers, au cours de campagnes longues et éprouvantes, jusqu'au début du XXᵉ siècle.

Les terre-neuvas

Pendant près de 5 siècles, la pêche à la morue à Terre-Neuve, au large du Canada, a employé des milliers de marins de Saint-Malo et de la côte nord de la Bretagne. On les appelait les « terre-neuvas ». Les bateaux, appelés « terre-neuviens », partaient 6 mois de l'année et n'étaient jamais sûrs de revenir. C'était une pêche dangereuse à cause du mauvais temps. Les conditions de vie étaient très dures pour les pêcheurs et les ouvriers qui séchaient et salaient le poisson.

À Saint-Malo, le musée du Long-Cours cap-hornier retrace la vie à bord des grands voiliers cap-horniers.

Pêche à la morue aux îles Lofoten, vers 1925.

Les vieux gréements

Les anciens bateaux en bois utilisés en Bretagne sont d'une extraordinaire diversité. Pour mettre en valeur ce précieux patrimoine, certains ont été restaurés ou reconstruits à l'identique. Tu les verras dans les ports, dans les fêtes maritimes, et, qui sait, tu embarqueras sur l'un d'eux, le temps d'une balade en mer !

Une bisquine cancalaise.

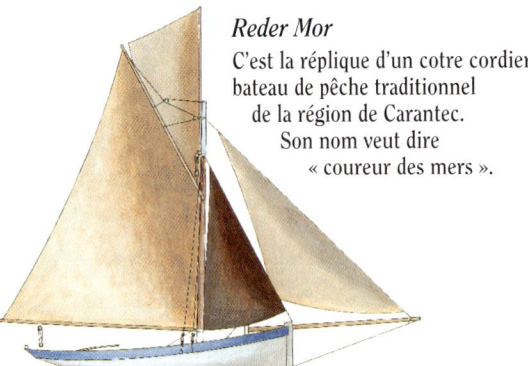

Reder Mor
C'est la réplique d'un cotre cordier, bateau de pêche traditionnel de la région de Carantec. Son nom veut dire « coureur des mers ».

La Cancalaise
Les bisquines de Cancale étaient les voiliers de pêche les plus toilés avec 350 m² de voilure. Aujourd'hui, les villes de Cancale et de Granville en possèdent chacune une, toutes deux s'affrontant régulièrement en régates.

La Recouvrance
C'est la réplique d'une série de 5 goélettes construites au XIXᵉ siècle pour les besoins de la Marine royale. Elle porte le nom du quartier des marins de Brest.

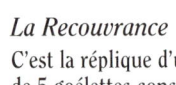

Vieux gréements lors du rassemblement de Brest 2000.

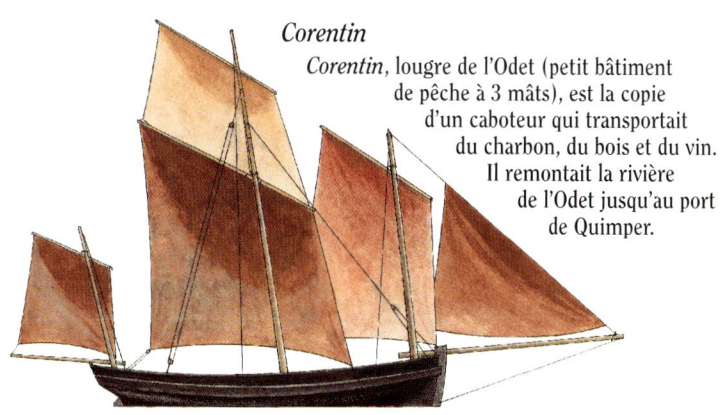

Corentin

Corentin, lougre de l'Odet (petit bâtiment de pêche à 3 mâts), est la copie d'un caboteur qui transportait du charbon, du bois et du vin. Il remontait la rivière de l'Odet jusqu'au port de Quimper.

Les grands rendez-vous

Brest : tous les 4 ans, Brest accueille un grand rassemblement de voiliers traditionnels du monde entier.
Douarnenez : visite le musée du Bateau, le port à flot et les ateliers de construction marine traditionnelle du Port-Rhu.
Paimpol : la fête du chant de marin a lieu tous les 2 ans au mois d'août.

La Biche

Ce dundee thonier (voilier à 2 mâts) est aujourd'hui dans le port-musée de Douarnenez. Ces voiliers de pêche au thon, avec leurs 2 longues perches accrochées de chaque côté du mât, ont disparu durant la dernière guerre.

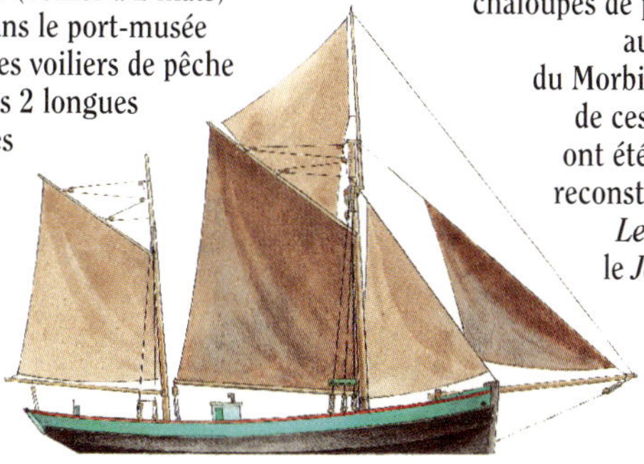

Les sinagos

Ce sont les traditionnelles chaloupes de pêche de Séné, au fond du golfe du Morbihan. Plusieurs de ces embarcations ont été restaurées ou reconstruites, comme *Les Trois Frères*, le *Jean et Jeanne*.

Le château du Taureau.

Forteresses maritimes

Tout le long du littoral, d'anciennes forteresses maritimes sont les témoins de siècles mouvementés où la Bretagne devait se protéger des attaques de la marine anglaise. La plupart font partie du dispositif de défense des côtes bretonnes établi par Vauban sous le règne de Louis XIV.

Le château du Taureau

Dressé sur un rocher à l'entrée de la baie de Morlaix, ce fort a été construit au XVIe siècle par les commerçants de la ville pour se défendre contre les incursions des corsaires anglais. Agrandi et fortifié par Vauban, le bastion devient au XVIIIe siècle une prison d'État avant d'être déclassé au XIXe.

Le fort la Latte.

La tour Vauban

Construite au XVIIe siècle à l'entrée du port de Camaret, cette tour polygonale à 4 étages est baptisée la « tour dorée » en raison de son enduit rose. Elle est entourée d'une puissante batterie semi-circulaire surmontée d'un parapet et munie d'embrasures de canons.

La tour Vauban.

Le fort la Latte

Situé près du cap Fréhel, la Latte domine un paysage majestueux de grandes falaises sauvages. Le fort lui-même est quasiment séparé du continent par 2 ravins enjambés par des ponts-levis. Il a été déclassé au XIXe siècle et vendu à un particulier. De nombreux films y ont été tournés, dont *Chouans* en 1987 et surtout *Les Vikings* en 1957 où l'on voit Tony Curtis et Kirk Douglas se battre en duel au sommet du donjon.

La tour Solidor.

La citadelle de Port-Louis, protégeant l'entrée de la rade de Lorient, fut baptisée Port-Louis en l'honneur du roi Louis XIII qui fit agrandir et fortifier la forteresse d'origine, construite par les Espagnols.

La tour Solidor

Ce château du XIVe siècle défendait l'estuaire de la Rance. Son nom viendrait d'ailleurs du breton *steir dor* : « la porte de la rivière ». Composé de 3 tours reliées par des courtines, il servit longtemps de prison.

Le fort National

Pour protéger Saint-Malo, qui était le premier port de commerce du royaume, Vauban fit construire de nombreux forts le long de la côte, dont le fort National, appelé à l'époque fort Royal, sur le rocher de l'Islet.

Le fort National peut être visité l'été à marée basse.

La citadelle Vauban

À Belle-Île, la citadelle Vauban domine l'entrée du port du Palais. Réputée imprenable, elle fut pourtant vaincue par les Anglais après un long siège destructeur. La forteresse a été sauvée de l'abandon par un couple de particuliers qui la racheta en 1960 et entreprit d'énormes travaux de rénovation. Aujourd'hui, une partie a été transformée en musée et un circuit permet de visiter les différents bâtiments de la citadelle.

Bretagne verte

Moins connue que le littoral, la Bretagne intérieure mérite pourtant un grand détour. Ce pays de forêts et de bocage, de montagnes et de landes, de rivières et de marais te séduira par ses paysages attachants, peuplés de mystères et de légendes.

Paysages de montagne

Ce n'est pas l'altitude qui fait l'intérêt des montagnes bretonnes : leurs plus hauts sommets n'atteignent pas 400 m ! Mais les monts d'Arrée et les Montagnes Noires te plongeront dans une ambiance magique.

Les crêtes des monts d'Arrée

Au cœur du Finistère, les 4 sommets de ce vieux massif érodé (montagne Saint-Michel, Tuchenn Gador, Roc'h Trévézel et Ménez Kador) sont les points culminants de la Bretagne. Il y a de superbes balades à faire dans le secteur, dont le chemin des crêtes. À découvrir à pied ou, encore mieux, à dos d'âne !

Roc'h Trévézel, dans les monts d'Arrée.

La chapelle Saint-Michel-de-Brasparts

Au sommet de la montagne Saint-Michel, la chapelle est dédiée à l'archange saint Michel qui chasse les mauvais esprits. Les Celtes venaient déjà ici, dit-on, pour vénérer Bélénos, le dieu du soleil. Le paysage y est splendide et, par temps clair, tu verras même la mer !

Les portes de l'enfer

En contrebas de la montagne Saint-Michel, il y a une vaste cuvette couverte de landes et de marais, noyée en partie par un lac artificiel : c'est le Yeun Elez. Ce lieu, à ce jour envahi par les eaux, est très important dans l'imaginaire breton, car il figure l'une des portes de l'enfer.

Chapelle du XVIIᵉ siècle, au sommet du Menez-Bré, dominant le Trégor.

Terre de légendes

Les monts d'Arrée recèlent des légendes toutes plus inquiétantes les unes que les autres.

Il y a l'Ankou (la représentation de la mort en Bretagne) qui rôde la nuit sur les chemins, ou encore la maison des lutins (le dolmen Ti Ar Boudiked) qui entraînent les voyageurs dans une ronde d'enfer. Sans parler des feux follets ou de l'herbe ensorcelée qui expédiait à tout jamais en enfer le voyageur qui la foulait !

L'Ankou.

Le moulin de Kérouac.

Le parc naturel régional d'Armorique

Il veille à la sauvegarde des paysages et du patrimoine des monts d'Arrée et a créé plusieurs écomusées qui restituent la vie quotidienne des habitants d'autrefois : la maison Cornec et le moulin de Kérouac. Au Ménez-Meur, tu peux aussi te rendre à la Maison du parc et te promener dans un grand domaine où des animaux sauvages (loups, cerfs, sangliers) et domestiques (ânes, moutons…) vivent en semi-liberté.

Le dolmen Ti Ar Boudiked.

Les Montagnes Noires

S'étirant d'est en ouest sur 60 km, du Ménez-Hom jusqu'à Glomel, les Montagnes Noires doivent leur nom aux forêts qui les couvraient autrefois. Leur point culminant est le Ménez-Hom (330 m), un mont de lande chauve qui offre un très beau panorama sur l'ensemble du Finistère.

Le Ménez-Hom.

Landes et tourbières

Les landes et les tourbières sont des paysages caractéristiques de la Bretagne intérieure. Désertes en apparence, elles abritent en fait une vie sauvage aussi riche que passionnante à découvrir.

Sur la piste des castors et des loutres

Classée réserve naturelle, la tourbière du Vénec est située aux abords du lac Saint-Michel, à Brennilis, dans les monts d'Arrée.

Une colonie de castors a été introduite dans les ruisseaux, il y a quelques années, et la loutre d'Europe, très rare et très menacée, y a trouvé un havre de paix. Comme ces animaux sont très difficiles à voir, il vaut mieux te joindre aux sorties organisées par la Maison de la réserve.

Appelée *ki dour* en breton (« chien d'eau »), la loutre est très méfiante. À défaut de la voir, tu peux partir sur ses traces : des crottes d'aspect huileux qui sentent le poisson et appelées épreintes.

Bûcheron, menuisier, charpentier, le castor coupe arbres et arbrisseaux pour manger leur écorce, construire une hutte ou faire un barrage. Indice de sa présence : des morceaux d'arbres dont les extrémités sont taillées comme un crayon à papier !

Une plante carnivore

Minuscule mais magnifique, le droséra est une plante insectivore qui pousse sur la mousse des tourbières. Ses feuilles sont recouvertes de poils translucides et collants où les insectes viennent s'engluer avant d'être mangés et digérés par des enzymes. Surtout, ne la cueille pas, car c'est une plante protégée !

Droséra.

Une mousse magique

La sphaigne est une petite mousse qui pousse dans les tourbières. C'est une véritable éponge qui peut conserver de l'eau jusqu'à 30 fois son volume ! D'ailleurs, elle est utilisée pour faire… des couches-culottes !

Sphaigne.

Les tourbières

Les tourbières se forment avec l'accumulation de résidus végétaux en décomposition. Cette « terre végétale » peut être épaisse de plus de 5 m par endroits. Jusque dans les années 1960, elle servait de combustible.

L'extraction de la tourbe au début du XXᵉ siècle.

Dans le Morbihan, les landes de Lanvaux sont parmi les plus belles de Bretagne.

La bruyère et l'ajonc

Paysage typique de la Bretagne intérieure avec ses tapis de bruyères et d'ajoncs, la lande est la végétation des sols très pauvres et acides comme le citron. Les plantes sont obligées de s'adapter pour survivre dans ce milieu ingrat : la bruyère profite d'un champignon qui pousse sur ses racines et la nourrit. L'ajonc s'associe à des bactéries qui lui fournissent les nitrates dont il a besoin pour grandir. On le donnait, autrefois, à manger au bétail.

Poney dartmoor.

Les Landes du Cragou

Dans les monts d'Arrée, la réserve des landes du Cragou est un site à découvrir pour sa beauté et l'intérêt de sa faune et de sa flore. Des sorties nature y sont organisées en été. Tu y verras notamment des poneys dartmoor et des vaches landaises qui permettent d'entretenir les landes.

Forêts bretonnes

À l'origine, la Bretagne était couverte
d'une immense forêt qui au fil du temps
a été grignotée par l'homme et dont il ne reste
aujourd'hui qu'un dixième de la surface.
Le chêne et le hêtre y sont rois, à cause
du climat et de l'acidité des sols.

Les arbres et leurs usages

Le chêne est utilisé pour les charpentes, la construction
des bateaux, des meubles, des objets sculptés. Le châtaignier
permet de fabriquer des tonneaux et des casiers. De son écorce,
on extrayait le tanin pour la conservation des peaux. Le hêtre
sert à la fabrication de nombreux objets usuels comme
les sabots. L'épicéa est utilisé pour les parquets et les planches.

Hêtres.

Châtaigniers, *ci-dessus*
et cônes au pied d'un épicéa, *ci-dessous*.

Chêne.

Des plantations de conifères

De grands espaces de landes ont été replantés
avec des conifères (pins, épicéas, sapins de
Douglas), qui couvrent aujourd'hui une petite
moitié de la forêt bretonne. Si tu te promènes
dans une plantation d'épicéas, tu t'apercevras
que le manque de lumière et le tapis
d'aiguilles empêchent d'autres espèces
végétales de pousser. Les animaux sauvages
n'y trouvent guère d'abris et de nourriture.

Les métiers de la forêt

Autrefois, toutes les richesses de la forêt étaient exploitées : on ramassait le bois pour se chauffer, on cueillait les baies, on récoltait les glands et les châtaignes, on y faisait paître le bétail. De nombreux artisans y trouvaient leur matière première : sabotiers, tonneliers, vanniers... Les charbonniers y vivaient dans des cabanes et produisaient du charbon de bois qui était utilisé dans les forges.

La forêt de la Marine

Sous Louis XIV, la forêt du Cranou (Finistère) était réservée à l'usage de la Marine royale : elle fournissait à l'arsenal de Brest le bois pour la construction des navires de guerre. Un seul d'entre eux pouvait nécessiter plus de 200 chênes centenaires !

À chacun son sabot

Les sabotiers allaient de forêt en forêt où ils s'installaient avec leurs familles, le temps d'une saison, dans une cabane de branches et de genêts. Le feu du foyer servait à sécher les sabots creusés dans du bois vert. Ils étaient ensuite peints ou ornés de bandes de cuir ; ceux destinés aux marins-pêcheurs avaient des semelles incrustées de graviers pour ne pas glisser sur le pont des bateaux.

Plante un arbre

En te promenant en automne, ramasse des graines d'arbres (glands, faines de hêtre, châtaignes) que tu feras germer chez toi avant de replanter les jeunes pousses.

1. Place les graines dans des pots remplis de sable et de terreau, sans trop les enfoncer (utilise un pot par espèce).

2. Laisse les pots dehors tout l'hiver pour permettre aux graines de « mûrir ». S'il gèle, n'oublie pas de les rentrer.

3. Au printemps, arrose régulièrement pour aider la germination.

La vie dans les bois

Landes, forêts, bois et taillis cachent
de nombreux animaux sauvages. Si tu n'as
pas la chance de les apercevoir dans tes
promenades, tu peux chercher les traces
qu'ils laissent derrière eux.
Un vrai travail de Sherlock Holmes !

À la recherche d'indices

Poils, plumes, empreintes, restes
de repas, crottes… Tout est bon
pour identifier les animaux
qui sont passés par là.
Apprends à reconnaître
leurs traces.

Quelques empreintes

Sanglier   Cerf et biche   Chevreuil   Renard

Observe bien

Le cerf (1). **Le chevreuil (2)**. **Le sanglier (3)**. **Le renard (4)**. **Le lapin (5)**. **L'écureuil (6)**. **L'escargot de Quimper (7)** ne se trouve qu'en Bretagne et au Pays basque. **Le carabe à reflets dorés (8)** est un coléoptère qui ne vit que dans les forêts bretonnes. **La chouette hulotte (9)** est celle que l'on entend le plus souvent hululer dans les bois. Tu entends comme un tambourinage ? C'est un **pic noir (10)** qui creuse des cavités profondes dans un tronc d'arbre pour déloger les larves à l'aide de sa langue.

Dans les forêts, le passage répété des grands animaux crée de petits sentiers, appelés coulées. Regarde tout autour s'il n'y a pas de grandes éraflures sur le tronc des jeunes arbres : ce sont les cerfs qui marquent leur territoire en frottant leurs bois contre les arbres, pour déposer une odeur. Repère aussi les blessures visibles sur les troncs tendres des jeunes arbres : un chevreuil ou un cerf en a rongé l'écorce. Pour avoir une chance d'apercevoir des mammifères sauvages, promène-toi le matin ou le soir en forêt, ne fais pas de bruit et place-toi face au vent pour qu'ils ne repèrent pas ton odeur.

Des forêts légendaires

Hauts lieux de l'imaginaire breton, les forêts de Brocéliande (Ille-et-Vilaine) et de Huelgoat (Finistère) sont le berceau de nombreuses légendes. Au cours de tes promenades, pars sur la piste du roi Arthur, de l'enchanteur Merlin, ou de Dahut la princesse d'Ys.

Brocéliande ou Paimpont ?

Brocéliande est le nom mythique de l'actuelle forêt de Paimpont. Dans les légendes, c'est la demeure de l'enchanteur Merlin et le lieu des exploits du roi Arthur et de ses chevaliers. Des sentiers te conduiront jusqu'aux sites qui rappellent ces mythes : tombeau de Merlin, fontaine de Jouvence, Miroir aux fées, étang de Comper…

Le chêne à Guillotin

Avec près de 10 m de circonférence, ce vénérable chêne est l'un des plus gros arbres du pays. Son tronc creux comme une cabane peut abriter une dizaine de personnes. Il porte le nom d'un prêtre qui, dit-on, venait s'y cacher pendant la Révolution.

Le gui des druides

Brocéliande était le repaire des druides. Leur symbole était le gui, qui représentait l'immortalité de l'âme.

Le Val sans retour

À partir du village de Tréhorenteuc, cette belle promenade d'environ 1 h est le royaume légendaire de la fée Morgane qui fit de ce lieu un piège pour les amants infidèles.

La fontaine de Barenton

Elle aurait des pouvoirs magiques : lorsque des bulles remontent du fond, on dit que la fontaine rit et qu'elle donne une réponse favorable aux vœux des visiteurs.

Le chaos du Moulin.

Balade à Huelgoat
(durée : 3 heures)

Le chaos du Moulin

Cet amoncellement de rochers
gigantesques est l'œuvre de l'érosion.
Mais pour la légende, c'est le géant Gargantua,
qui, furieux d'avoir mal mangé, se vengea
en jetant de gros rochers sur Huelgoat.

La Roche tremblante

Pas besoin d'être un grand costaud pour
faire osciller cette pierre géante de plus
de 100 tonnes : en fait, il faut plutôt
trouver l'endroit exact où pousser !

La grotte du Diable

Ce serait l'entrée de la route
qui mène à l'enfer !
En tout cas, tu peux
y écouter la rivière
gronder sous les rochers.

La rivière d'Argent

Elle doit son nom au plomb
argentifère qu'on extrayait
dans les environs. Ses rives
sont le domaine des fées
de Huelgoat, qui, le jour,
se transforment en vieilles
femmes laides et méchantes !

La rivière d'Argent.

Le Gouffre

Un escalier descend vers le Gouffre dans lequel
la rivière d'Argent disparaît sous un chaos
rocheux en une cascade de près de 10 m.
La légende raconte que Dahut, la cruelle
princesse d'Ys, y précipitait ses amoureux…

La grotte d'Artus. Le roi Arthur, que l'on nomme ici Artus,
y aurait séjourné. On peut y voir son lit creusé dans la pierre.

Le petit monde du bocage

Les talus et les haies vives qui entourent les champs hébergent beaucoup de plantes sauvages et d'animaux. Hélas, une grande partie d'entre eux a été détruite avec la modernisation de l'agriculture.

Musaraigne.

Mulot.

Campagnol.

Un bocage très utile

Les talus et les haies qui formaient le bocage breton avaient un rôle très important : ils délimitaient les propriétés, abritaient le bétail, protégeaient les cultures du vent, empêchaient l'érosion des terres en retenant les eaux de ruissellement. On y cueillait des fruits sauvages et des plantes pour se soigner. On s'y fournissait en bois de chauffage. Le développement de l'agriculture intensive a détruit les talus et les haies, sur près des deux tiers de la surface agricole. Le paysage a perdu tout son charme, et les dégâts provoqués par les crues et les tempêtes ont montré toute l'utilité du bocage. Aujourd'hui, des efforts sont faits pour replanter des haies et conserver les talus.

Faune et flore des talus

Au printemps, primevères, violettes et jacinthes des bois se plaisent dans l'humidité des talus. C'est le moment de faire un joli bouquet ! Les buissons, églantiers, ronces, prunelliers, noisetiers, offrent nourritures et abris aux animaux.
Le faucon crécerelle (1) vole sur place pour repérer ses proies. **Le pouillot véloce (2)** chasse les insectes. **La chouette chevêche (3)** est l'une des rares chouettes que tu peux observer en plein jour. **La grive musicienne (4)** se confectionne une forge pour casser les coquilles d'escargot. **La pie-grièche (5)** se constitue un stock de nourriture en empalant ses victimes sur des épines ou des barbelés. **Bourdons** et **abeilles (6)** butinent . En hiver, **le hérisson (7)** s'enfonce entre les racines pour hiberner. **Mulots** et **campagnols (8)** sont très friands de graines, d'écorces, de racines d'arbres… et surtout de céréales cultivées ! En période d'abondance, ils pullulent, pour la plus grande joie de leurs prédateurs, renards, buses, belettes, chouettes…

Activités quatre saisons

Que tu vives en Bretagne ou que tu y passes simplement tes vacances, tu trouveras toujours quelque chose à faire. Voici quatre activités à réaliser au fil des saisons.

L'été, fais ton herbier

Transporte les fleurs que tu as cueillies sans les abîmer.

1. À la maison, étale-les une par une sur une feuille de papier buvard blanc. Laisse-les se faner quelques heures, puis couvre-les avec une autre feuille de buvard.

2. Intercale le tout entre plusieurs feuilles de journal, puis mets des livres lourds dessus. Au bout de 24 h, change les buvards s'ils sont humides.

3. Attends 1 semaine ou 2 que les plantes soient bien sèches. C'est le moment de faire ton album, par exemple avec des feuilles de papier à dessin. Fixe les plantes avec de petits morceaux de papier gommé et inscris tes observations : noms scientifique et commun, signes particuliers, lieu et date de la récolte…

Exemple pour le dessin : Pâquerette, *Bellis perennis*. Je l'ai cueillie le 3 août dans un pré à Plougonven. C'est la fleur de la tendresse, elle s'ouvre avec le soleil et se ferme dès qu'il disparaît.

L'automne, fais de la gelée de mûres

Après ta cueillette, trie les fruits abîmés et passe-les sous l'eau pour les laver.

1. Cuis-les doucement pendant 5 min avec un verre d'eau.

2. Écrase les fruits avec le dos de l'écumoire, puis filtre le jus dans une passoire très fine. Pèse-le et ajoute le même poids de sucre cristallisé.

3. Fais-le bouillir tout doucement 20 à 30 min en remuant. Laisse refroidir avant de mettre en pot.

L'hiver, fabrique des mangeoires pour les oiseaux

1. Tu fiches en terre 2 bouts de bois, sur lesquels tu poses une planchette. Ainsi inclinée, la planche offre un petit abri sous lequel tu mets un récipient rempli de graines.

2. Prends une bouteille d'eau en plastique et remplis-la de graines, le goulot vers le bas. Sous le goulot, installe une petite assiette. Pour que les graines s'écoulent bien, il faut laisser un espace suffisant entre le goulot et l'assiette. La bouteille est fixée à la planchette par un collier en fil de fer. Mésanges, rouges-gorges et moineaux ne tarderont pas à repérer leur nouvelle mangeoire !

Au printemps, conçois un nid d'hirondelle

Ce nid est une imitation des nids de boue construits par les hirondelles.
1. Découpe des journaux en bandes de 40 cm sur 5 cm environ et prépare un litre de colle à tapisser. **2.** Pose le saladier à l'envers sur un journal et enduis-le de vaseline. **3.** Encolle les bandes de papier une à une avec un pinceau en les disposant dans tous les sens jusqu'à avoir 1 cm d'épaisseur. Laisse sécher pendant 3 ou 4 jours avant de démouler le saladier.
4. Coupe la coque de papier en 2 parties égales qui te serviront à faire 2 nids. Sur le bord d'une demi-coque, découpe une ouverture de 8 cm de long sur 2,5 cm de large pour l'entrée du nid. **5.** Enduis le nid sur les 2 faces de boue faite de terre et d'eau et laisse sécher. **6.** Pour le support, assemble 2 planches à angle droit et cloue le nid dans l'angle. Fixe le nid à l'abri de la pluie sous un avant-toit ou un balcon.

Matériel

- colle à tapisser
- vaseline
- vieux journaux
- 2 planches de bois de 25 x 25 cm
- une terrine ronde de 18 cm de diamètre

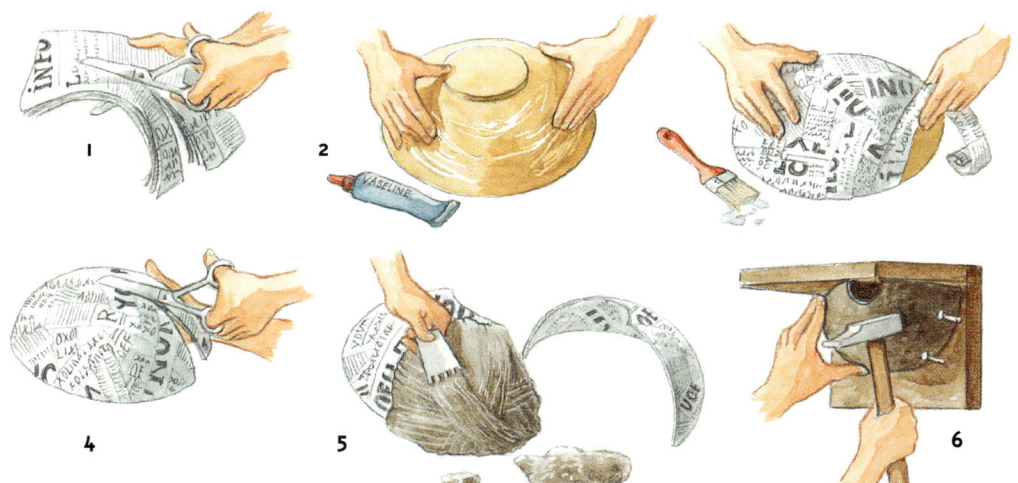

Des animaux pure race !

Pie-noire ou froment du Léon, cheval breton, poule coucou, mouton d'Ouessant... ces races anciennes d'animaux domestiques sont typiquement bretonnes. Remplacées par d'autres variétés plus « modernes », menacées de disparition, elles sont aujourd'hui sauvegardées.

La poule coucou.

Coucou la revoilà !

Elle a bien failli disparaître, la poule coucou de Rennes. Cette bonne pondeuse à la chair réputée, a repris de la plume grâce à l'écomusée de Rennes, qui a retrouvé les derniers volatiles survivants chez un fermier angevin. Depuis, une association de producteurs a été créée pour protéger et valoriser la coucou.

La pie-noire

La pie-noire est la plus petite vache française. Rustique et frugale, elle vit très bien sur des terrains pauvres et se contente de fourrages grossiers. Ce qui ne l'empêche pas d'être une excellente laitière !

Où voir les animaux ?

Au haras de Lamballe, qui est l'un des hauts lieux de l'élevage du cheval breton. Il se visite tous les jours en été et pendant les vacances scolaires.
Au Ménez-Meur, dans les monts d'Arrée, domaine animalier du parc naturel régional d'Armorique.
À l'écomusée du pays de Rennes, qui présente 19 races anciennes d'animaux bretons et organise des fêtes et des animations tout au long de l'année (concours d'attelage de chevaux de trait, tonte des moutons…).

L'épagneul breton.

La froment du Léon

Tout comme la pie-noire, la froment du Léon est une bonne « laitière-beurrière » grâce à son lait très riche.

L'épagneul breton

Intelligent et rapide, chasseur hors pair et bon chien de compagnie, l'épagneul breton est né à Callac dans les Côtes-d'Armor. Les élevages de la région sont très réputés et attirent une clientèle venue de toute la France et de l'étranger.

Le mouton d'Ouessant

Comme son nom l'indique, ce petit mouton noir très rustique provient de l'île d'Ouessant. Menacée de disparition, la race a été sauvegardée par quelques éleveurs et intéresse de plus en plus les particuliers pour l'entretien de leurs terrains.

Des chevaux tout en muscles

Remarquable de puissance et de rusticité, le cheval breton est réputé dans le monde entier. Cette race comprend 2 types : le trait, plutôt destiné aux travaux de la ferme, et le trait postier, qui est le cheval d'attelage par excellence. Jusqu'à la mécanisation de l'agriculture, le cheval breton a fait l'objet d'un élevage très important dans le Finistère Nord. Landivisiau était sa capitale et les marchands affluaient de partout pour acheter, dans les foires, reproducteurs et animaux de travail.

Le mouton d'Ouessant.

Au fil de l'eau

Savais-tu qu'on fait beaucoup de canoë sur les rivières bretonnes ? Et qu'on y pêche des truites et des saumons ? As-tu entendu parler de croisières sur les canaux et de randonnées sur les chemins de halage ? Tu vois, il y a de quoi faire au fil de l'eau !

Le long des canaux

Le canal d'Ille-et-Rance (qui relie la Manche à l'Atlantique) et le canal de Nantes à Brest ont été lancés par Napoléon pour limiter les effets du blocus anglais le long des côtes françaises. Les travaux, longs et très pénibles, ont été effectués par des prisonniers de guerre et des bagnards. Jusqu'à l'arrivée du chemin de fer, les canaux étaient utilisés pour le transport de marchandises par des péniches et des caboteurs à voile tirés par des chevaux le long des chemins de halage.

Les écluses de la Madeleine, à Hédé (Ille-et-Vilaine).

La balade des écluses

À Hédé (20 km au nord de Rennes), tu peux faire une très jolie balade sur les berges du canal d'Ille-et-Rance, le long d'un escalier de 11 écluses qui permet aux bateaux de franchir une dénivellation de 27 m. Au pont de la Madeleine, une ancienne maison d'éclusier est aménagée en écomusée où tu découvriras l'histoire de la construction du canal et de la batellerie bretonne.

Des vacances originales : une croisière en Bretagne intérieure, sur 500 km de rivières et canaux ! Les locations de bateau comprennent souvent des vélos pour les escales.

Le lac de Guerlédan

Près de Mûr-de-Bretagne, le lac de Guerlédan est un grand plan d'eau de 12 km de long où l'on pratique de nombreuses activités nautiques. Des séjours « plein air » sont organisés pour les enfants à partir de 8 ans.

Le lac de Guerlédan.

Bonne pêche !

Si tu es un passionné de pêche en eau douce, pense à prendre la carte jeune, qui te permet de pêcher dans les rivières de première et seconde catégorie selon tous les modes réglementaires. Avec l'association qui t'aura délivré ta carte, tu pourras t'initier à toutes les techniques et participer à des compétitions amicales.

Pêcheur à la mouche.

La mouche attire truites et saumons.

Pour tous les goûts

Canoë, aviron, rafting… On ne s'ennuie pas sur les rivières bretonnes ! Si tu aimes les sensations fortes, tu navigueras sur les eaux vives de rivières encaissées, si tu préfères un sport plus tranquille, tu choisiras des plans d'eau abrités. Dans tous les cas, de nombreux clubs proposent cours et stages pour tous les goûts et tous les niveaux.

Avec l'abandon des activités traditionnelles, les roseaux deviennent trop envahissants et occupent aujourd'hui la moitié des marais.

Au pays des marais

Située sur la façade atlantique, la Grande Brière est un vaste marais parsemé d'îlots habités où les roseaux, les prairies humides et les plans d'eau forment un extraordinaire réservoir de vie sauvage.

La vie dans les marais

Les habitants de la Brière ont vécu des richesses du marais pendant des siècles, grâce à la pêche, la chasse et l'élevage. Ils utilisaient la tourbe pour se chauffer et les roseaux pour couvrir leurs maisons de toits de chaume. Parmi les métiers traditionnels du marais, il y avait également les sabotiers et les vanniers. Les habitants de Saint-Joachim, eux, vendaient des sangsues que les pharmaciens utilisaient pour faire des saignées.

En chaland sur les canaux

Cette longue barque pointue que l'on propulse à l'aide d'une perche est l'embarcation typique de la Brière. Pour pénétrer au cœur du marais, fais une promenade guidée à bord d'un chaland traditionnel (sans moteur !), de préférence au petit matin ou le soir pour observer les animaux.

Chaumière briéronne. La Grande Brière abrite le plus grand nombre de chaumières de France. Tu peux découvrir ces maisons traditionnelles au hameau de Kerhinet où 18 chaumières et 2 fours à pain ont été restaurés.

La Brière saint-Lyphard, la Pierre fendue.

Aux beaux jours, les plans d'eau (les « piardes ») sont recouverts de nénuphars blancs.

Remplis d'insectes, de grenouilles et de poissons, les marais sont un vrai garde-manger pour de nombreux oiseaux.

En sauce ou grillée, l'anguille est la grande spécialité de la région. Autrefois, les Briérons en mangeaient tous les jours !

Au printemps, les grenouilles vertes se rassemblent dans les marais pour frayer ainsi que les brochets et les carpes.

Arrivé il y a un quart de siècle dans le marais, le ragondin a tellement proliféré qu'il est devenu une nuisance, en dévorant tout ce qu'il trouve à se mettre sous la dent.

Le parc animalier

Sur 25 ha de nature protégée, le parc animalier propose un circuit découverte présentant les différents milieux (roselière, prairie humide…), avec des affûts pour observer la faune. Des visites guidées sont organisées en été.

Bretons des villes et des champs

Les touristes français et étrangers sont de plus en plus nombreux à sillonner la Bretagne des campagnes et des villes. Guide à la main, ils vont de calvaire en clocher, de château en village, curieux de découvrir un patrimoine d'une telle richesse. Ce patrimoine n'est pas seulement fait de vieilles pierres : il est aussi le reflet de la vie des Bretons d'hier et d'aujourd'hui. Et c'est pour cela qu'il est passionnant !

Une tradition agricole

Première région agricole française, la Bretagne fournit de nombreux produits, et en grande quantité : viande, lait, volailles, œufs, légumes en tout genre, dont bien sûr le célèbre artichaut et le non moins célèbre chou-fleur breton !

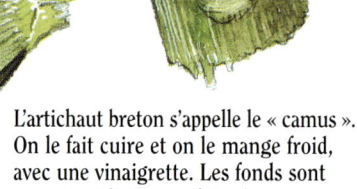

La ceinture dorée

C'est le nom donné à la frange côtière du Finistère Nord (le Léon et le Trégor), tant ce secteur est propice à la culture des légumes : le climat est doux et les sols de limon ou de sable ont été enrichis par des engrais marins. Du coup, tout y pousse ! Les artichauts et les choux-fleurs, qui ont fait la richesse de la région, mais aussi oignons, échalotes, pommes de terre primeur, endives, carottes, haricots, pois, salades, tomates, fleurs…

L'artichaut breton s'appelle le « camus ». On le fait cuire et on le mange froid, avec une vinaigrette. Les fonds sont souvent utilisés pour faire des conserves.

Les fraises de Plougastel

La presqu'île de Plougastel est célèbre pour ses fraises, qui furent importées du Chili au XVIIIᵉ siècle par un certain Frézier (ça ne s'invente pas !), directeur des fortifications en poste à Brest.

Choux-fleurs.

La cueillette des fraises à Plougastel-Daoulas au début du XXᵉ siècle.

La pomme de terre

En Bretagne, elle est de tous les repas. Il faut dire que cuite en cocotte avec du beurre ou du lard, c'est un vrai régal ! Le Léon, le Goëlo et la région de Saint-Malo se sont spécialisés dans la production de la pomme de terre primeur (qui se récolte dès la mi-mai), la sélection de semences et la création de variétés, dont la fameuse charlotte bretonne.

Récolte de pommes de terre.

Batterie de blé à Brigognan, dans une ferme du Finistère, au début du XXᵉ siècle.

La mâche et le muguet de Nantes

À Nantes, la culture des légumes est une vieille tradition. Aujourd'hui, les produitsles plus célèbres sont la mâche (90 % de la production européenne) et le muguet (85 % de la production française).

Des produits biologiques

Depuis quelques années, certains agriculteurs se sont orientés vers une production « naturelle » : élevage en plein air, bétail nourri à l'ancienne, légumes cultivés sans produits chimiques. Cette agriculture biologique rencontre de plus en plus de succès auprès des consommateurs, en Bretagne comme ailleurs.

La révolution agricole

Autrefois pauvre et marquée par une économie de subsistance, l'agriculture bretonne a fait sa révolution dans les années 1960. Les agriculteurs se sont organisés en coopératives, ont modernisé leurs exploitations et ont produit de plus en plus. L'élevage intensif (hors sol) de volailles et de porcs s'est développé. Résultat : la Bretagne est devenue la première région agricole de France. Elle produit notamment 55 % des porcs français, 45 % de la volaille, 25 % du lait. Aujourd'hui, cette agriculture intensive pose de gros problèmes de pollution, notamment de l'eau, et de surproduction.

Les élevages industriels de porcs sont en partie responsables de la pollution de l'eau en Bretagne.

Maisons paysannes

Autrefois, les maisons paysannes étaient d'une grande simplicité. Elles étaient adaptées au mode de vie des gens de l'époque et à une région où il était important de se protéger du mauvais temps.

Dans le cadre de l'écomusée du parc d'Armorique, la maison Cornec, à Saint-Rivoal, reconstitue la vie d'autrefois dans les monts d'Arrée.

De pierre et d'ardoise

Ce sont les matériaux typiques de la construction bretonne, mais avec des variations selon les régions. Pierre noble, le granit est plutôt réservé aux belles demeures et aux manoirs. Les habitations plus modestes sont en schiste. Dans le bassin de Rennes, les maisons sont en terre (pisé). L'ardoise se développe au XIXe siècle pour remplacer les toitures en paille de seigle, en roseau ou en genêt, responsables de trop d'incendies.

Gens et bêtes sous le même toit

La ferme traditionnelle bretonne est une « maison longue » d'un seul étage avec un toit pentu qui abrite un grenier. Une partie du rez-de-chaussée (le « bas-bout ») est réservée aux animaux, l'autre partie (le « haut-bout ») est une salle unique où vit la famille.

Se protéger du vent

Aujourd'hui, les maisons modernes ont souvent de grandes baies vitrées pour faire entrer la lumière et profiter de la vue. Ce n'était pas le cas autrefois, où tout était fait au contraire pour se protéger du vent et du mauvais temps. À la campagne, les habitations se blottissaient au creux des talus et seule la façade orientée au sud était percée de petites ouvertures.

Chaumière Kerminet, La Brière.

Autour de la cheminée

Les murs sont blanchis à la chaux et les poutres sont apparentes. La grande cheminée est le cœur de la maison, là où on cuisine et où on passe les soirées. Elle est suffisamment haute pour qu'on puisse entrer dedans et s'asseoir de chaque côté du foyer. Au fond, des petites niches sont aménagées dans le mur pour garder les braises au chaud et conserver les aliments qui craignent l'humidité.

De belles demeures en granit aux frontons sculptés bordent la Grand-Place de Locronan, classée monument historique.

Les gens dorment dans des lits clos, qui sont des armoires fermées par une porte coulissante ou un rideau. Ils permettent à toute la famille de dormir au chaud dans la même pièce tout en évitant la promiscuité.

Maisons cossues

Dans les villages et les campagnes, les maisons plus cossues appartiennent aux artisans, aux tisserands et aux marchands qui se sont notamment enrichis avec le commerce des toiles de chanvre et de lin.

La vie d'autrefois

Autrefois, même s'ils vivaient isolés dans la campagne, les gens avaient de nombreuses occasions de se rencontrer. Entre voisins, ils s'invitaient à des veillées, s'entraidaient pour les travaux des champs et festoyaient à l'occasion de la tuerie du cochon ou de la fin de la moisson.

Les veillées

Pendant l'hiver, on se retrouvait le soir autour de la cheminée, en famille ou avec les voisins. C'était l'occasion d'échanger des nouvelles, de raconter des contes et de chanter tout en travaillant : les hommes réparaient les outils, fabriquaient des ruches pour les abeilles ou des paniers tandis que les femmes filaient la laine, brodaient ou reprisaient. Les veillées qui marquaient les moments importants de l'année (Noël, Saint-Jean, moisson, tuerie du cochon…) rassemblaient beaucoup de monde jusque tard dans la nuit.

Les mariages

Les mariages rassemblaient plusieurs centaines de personnes car il n'était pas rare de marier plusieurs couples le même jour. On dressait des tables dehors ou, à défaut, on creusait 2 fossés parallèles qui servaient à la fois de sièges et de table. Au menu il y avait de la soupe, du bœuf bouilli, de la charcuterie et des gâteaux bretons, le tout arrosé de cidre et de vin. Entre le repas du midi et du soir, on dansait au son des binious, des bombardes, des violons et des accordéons.

Les travaux des champs

Les voisins se regroupaient pour faire les grands travaux des champs. Il y avait la fenaison (la récolte du foin), en juin, puis la moisson, qui occupaient les hommes et les femmes pendant des semaines. On coupait le blé à la faucille, puis on battait les épis avec un fléau sur l'aire de battage. Après le battage, un repas était organisé, « le souper des fléaux ».

Les marchés et les foires

Les foires à bestiaux et les marchés qui avaient lieu dans les gros bourgs et les petites villes étaient un autre rendez-vous important. L'achat et la vente des animaux donnaient lieu à des discussions très animées et à de longues négociations. Les marchés aux porcs étaient particulièrement fréquentés, car chaque famille élevait un cochon pour le manger.

Une noce
bretonne dans le pays
nantais. La mariée est parée
d'un collier de fleurs d'oranger.
En certains endroits, de grosses
galettes sont offertes par le parrain
et la marraine.

La foire aux bestiaux à Rennes.

Les lavoirs

Les femmes se retrouvaient régulièrement au lavoir pour faire leur corvée de « buée » (la lessive). Le linge était bouilli dans des lessiveuses avant d'être lavé à l'eau froide puis frappé avec un battoir en bois.

Grand pardon de Roscoff,
début du XXᵉ siècle.

Les pardons

Ces fêtes religieuses avaient lieu tous les ans dans les paroisses pour célébrer les saints locaux. C'était un événement social très important, qui permettait aux participants de se rencontrer. Après les cérémonies, il y avait une grande fête avec des jeux traditionnels, des danses et de la musique. On en profitait aussi pour se faire couper les cheveux par le barbier, ou se faire arracher une dent par l'arracheur de dents !

Détail du calvaire de Plougastel-Daoulas qui a été construit après l'épidémie de peste de 1598.

Calvaires et enclos paroissiaux

Impossible de visiter la Bretagne sans aller admirer un calvaire ou un enclos paroissial ! La région est en effet célèbre pour ses monuments religieux, témoins de la place essentielle qu'occupait la religion dans la vie des Bretons.

Les calvaires

Les calvaires sont des monuments religieux typiques de la Bretagne. Ce sont de véritables « bandes dessinées » en pierre qui illustrent les thèmes de l'Évangile et de la vie des saints au moyen de nombreux personnages sculptés. Regarde-les de près pour observer les détails !

Les enclos paroissiaux

Les enclos paroissiaux sont aussi spécifiques à la Bretagne, notamment dans le Léon où ils sont particulièrement nombreux. Construits au XVIe et au XVIIe siècle, ils sont les témoins de l'âge d'or d'une Bretagne commerçante et prospère. Les paroisses s'enrichissent et rivalisent entre elles pour construire le monument religieux le plus beau et le plus grand.

Édifié à la fin du XVe siècle, le calvaire de Tronoën, en Cornouaille, est le plus ancien de Bretagne.

Le calvaire de Plougastel-Daoulas compte environ 180 personnages !

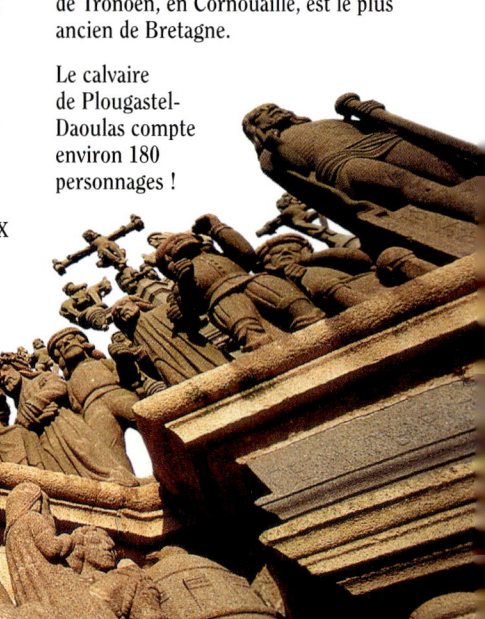

L'enclos de Guimiliau.

Des enclos célèbres

Les principaux enclos paroissiaux
du Finistère sont ceux de Guimiliau,
Lampaul-Guimiliau, Saint-Thégonnec,
La Martyre, Commana, Sizun et Pleyben.
Au départ de Morlaix,
un circuit en boucle
te les fera découvrir.

Clochers bretons

De l'humble chapelle à l'impressionnante
cathédrale, les églises bretonnes sont fières
de leurs clochers qui rivalisent de beauté.
Lève les yeux et admire-les !
Ainsi, la flèche de l'église du Kreisker,
véritable dentelle de pierre, à Saint-Pol-de-
Léon, est un chef-d'œuvre de l'art gothique.
Percée de plus de 80 ouvertures,
elle s'élève à 77 m
au-dessus du sol.

La flèche de l'église
du Kreisker.

Un enclos paroissial

L'église (1).
La sacristie (2). Le porche sud
est l'entrée principale de l'église (3). À l'époque
où les morts étaient enterrés dans l'église,
on transférait les ossements dans l'ossuaire (4)
quand la place manquait. Le cimetière était
autrefois autour de l'église (5). Le mur d'enceinte
(6) délimitait l'enclos. Les échaliers (7) étaient
conçus pour empêcher les animaux de pénétrer
dans l'enclos. Le calvaire (8). L'arc de triomphe (9)
est la porte monumentale de l'enclos.
Les cortèges des baptêmes, des mariages
et des enterrements passaient sous son arcade
principale.

Sur son éperon rocheux qui surplombe la vallée de la Vilaine, le château de Vitré est un bel exemple d'architecture militaire du Moyen Âge. Son importance montre à quel point le seigneur de Vitré était puissant.

La Bretagne des châteaux

On trouve de nombreux châteaux en Bretagne ! Certains sont plus connus que d'autres parce qu'ils représentent un moment historique important. De plus, beaucoup d'entre eux se visitent !

Les forteresses militaires

À partir du Moyen Âge, des places fortes (Fougères, Vitré, La Guerche-de-Bretagne, Chateaubriant, Ancenis, Clisson) sont construites sur la zone frontière entre le duché de Bretagne et le royaume de France, appelée les Marches de Bretagne. Elles constituent une puissante ligne de défense contre les nombreuses menaces extérieures. Des villages s'installent et se développent à l'abri des forteresses.

Le château de Fougères, vaste ensemble défensif, est impressionnant avec ses 13 tours et son enceinte couvrant une surface de 2 ha. Édifiées entre le XIIᵉ et le XVᵉ siècle, les fortifications entièrement restaurées étaient autrefois entourées d'eau.

Le château de Mᵐᵉ de Sévigné

Situé à côté de Vitré, le château des Rochers fut la demeure favorite de Mᵐᵉ de Sévigné, le célèbre écrivain du XVIIᵉ siècle. À la mort de son mari, elle y fit de nombreux séjours pour se reposer de la vie parisienne. C'est là qu'elle écrivit 267 de ses illustres lettres.

Le château des Rochers-Sévigné.

Le berceau du romantisme

C'est à Combourg que l'écrivain François René de Chateaubriand passa son enfance. Le château, qui fut acheté par son père en 1761, est encore aujourd'hui la propriété de la famille et attire des visiteurs du monde entier qui viennent se plonger dans ce « berceau du romantisme ».

Chateaubriand.

Le château de Combourg.

L'avènement de l'artillerie

Avec l'avènement de l'artillerie au XVe siècle, les ingénieurs militaires doivent adapter les forteresses. De nouvelles tours sont construites, l'épaisseur des murs est renforcée et des embrasures sont aménagées pour les canons.

La fête des Remparts de Dinan

Ancienne cité féodale, Dinan possède les remparts les plus importants de Bretagne ! Tous les deux ans en juillet, la fête des Remparts célèbre l'histoire millénaire de la ville avec un grand spectacle en costumes d'époque, des animations de rue et une foire médiévale.

Résidences aristocratiques

À l'époque de la Renaissance, les riches aristocrates bretons se sont fait construire des demeures élégantes, pour ne pas dire luxueuses !

Le château de Kerjean, dans le Finistère Nord, est aujourd'hui un musée départemental qui organise de nombreuses animations.

Le centre de Rennes.

Rennes la capitale

Riche de son histoire et de son patrimoine, la capitale de la Bretagne est aussi une ville très vivante, avec plus d'un quart de sa population composé d'étudiants. Ce n'est pas un hasard si la ville est un haut lieu du rock français !

La capitale du rock

Depuis plus de 20 ans, en décembre, Rennes se transforme en capitale européenne du rock avec les Transmusicales. Pendant une semaine, le festival envahit les salles de concert et les bars, faisant entendre toutes sortes de musiques nouvelles et de groupes connus ou non. Par exemple, c'est aux « Trans » que la chanteuse Björk est montée pour la première fois sur une scène française !

La ville des étudiants

Avec ses facultés de lettres, de droit, de sciences, de médecine et ses nombreuses écoles d'enseignement supérieur, Rennes est une grande ville universitaire, qui accueille 58 000 étudiants de la région, mais aussi du monde entier.

Le marché des Lices.

Le rendez-vous du marché

Le marché des Lices est l'un des plus grands marchés de France. Tous les samedis matin, les Rennais y font leurs courses au milieu d'un joyeux tohu-bohu de couleurs et d'odeurs. Le marché, c'est aussi un lieu de rencontres, et l'occasion de manger la traditionnelle galette-saucisse !

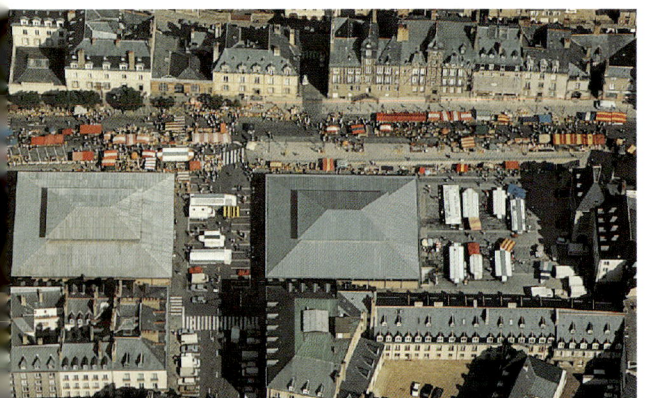

Les Tombées de la nuit

Début juillet, Rennes est en fête avec le festival des Tombées de la nuit qui fait découvrir la création régionale et les cultures du monde. Spectacles de rue, théâtre, musique, conte… il y en a pour tous les goûts, et tous les âges !

Le parlement de Bretagne.

Intérieur richement décoré du parlement de Bretagne.

Le parlement de Bretagne

Ce palais a été construit au XVIIᵉ siècle pour accueillir le parlement de Bretagne. Celui-ci était une haute cour de justice qui pouvait émettre des réserves sur les décisions du roi, grâce à son droit de « remontrances ». Symbole des révoltes et du pouvoir breton, le bâtiment a une allure monumentale, avec à l'intérieur des décors somptueux signés par les plus grands artistes du règne de Louis XIV. Ravagé par un incendie en 1994, il a aujourd'hui retrouvé son éclat après 5 ans de travaux de restauration.

Il était une fois Condate

Rennes est construite à l'emplacement de Condate, la célèbre cité gauloise décrite dans les aventures d'Astérix. Fondée au confluent de l'Ille et de la Vilaine, Condate fut la capitale de la tribu gauloise des Redones, qui peuplait cette partie de l'Armorique au IIᵉ siècle avant Jésus-Christ. Après la conquête des Gaules par César, elle devint une prospère cité romaine.

Du bois et de la pierre

En te promenant dans les petites rues pavées du vieux Rennes, tu auras l'impression d'être au Moyen Âge ! Ses maisons traditionnelles à pans de bois sont les rescapées d'un immense incendie qui a ravagé la ville en 1720. Pour éviter d'autres catastrophes, la ville fut remodelée avec des rues larges et régulières, des places aérées et des immeubles en pierre, qui donnent à Rennes son aspect sobre et classique.

Maisons à pans de bois.

Nantes la culturelle

Capitale historique de la Bretagne, Nantes est devenue la préfecture des Pays de la Loire sans pour autant oublier son appartenance bretonne. Sa situation géographique lui a valu d'être un port commercial très prospère. Aujourd'hui, c'est une ville de plus de 500 000 habitants, réputée pour son dynamisme et sa vie culturelle.

Le château des ducs de Bretagne.

Le château des ducs de Bretagne

Avec ses douves, ses grosses tours et ses murailles épaisses que la Loire baignait autrefois, cette forteresse du XVe siècle a l'allure d'un château médiéval. À l'intérieur de l'enceinte, tu verras le beau palais qui servait de résidence aux ducs de Bretagne. Anne de Bretagne, la célèbre duchesse de Bretagne qui fut 2 fois reine de France, y est née en 1477.

La tour de la Boulangerie porte les armes de Bretagne : un écu semé d'hermines soutenu par deux lévriers (le symbole d'Anne de Bretagne) et surmonté de la couronne ducale.

Les immeubles cossus des armateurs nantais, rue Kervégan.

Le quartier des armateurs

Un mascaron.

Au sud du centre-ville, l'île Feydeau (qui n'est plus une île depuis le comblement d'un bras de la Loire) est l'ancien quartier des armateurs qui se sont enrichis au XVIIIe siècle avec le commerce du sucre, du café, du cacao et la tristement célèbre traite des Noirs.

Petit Lu

Petit par sa taille, mais grand par sa renommée ! Le célèbre petit-beurre grignoté dans le monde entier est né en 1866 à Nantes. Ses parents l'appelleront Lu, comme les initiales de leurs noms, Lefèvre-Utile. Avenue Carnot, tu peux voir le dôme très « kitch » de l'ancienne usine Lu, aujourd'hui transformée en lieu de spectacle.

Une affiche réclame petit-Lu.

Le sucre des Antilles

Les drôles de bâtiments blanc et bleu qui se dressent sur l'île Beaulieu sont ceux de la raffinerie de sucre Béguin-Say. Elle est le témoin d'une époque où le sucre en provenance des Antilles était au centre de l'économie de la ville.

La tour de l'ancienne usine Lu.

Le passage Pommeray.

Jules Verne, l'enfant de Nantes

Né à Nantes le 8 février 1828, le célèbre écrivain a sans doute été inspiré dès l'enfance par l'activité du port, symbole d'aventures lointaines. À l'âge de 11 ans, il s'embarquera d'ailleurs clandestinement sur un bateau pour un voyage qui s'arrêtera à… Paimbœuf ! À Nantes, un musée lui est dédié.

Jules Verne

Les délires de Royal de Luxe

Si tu n'as jamais vu un spectacle de Royal de Luxe, ne manque surtout pas le prochain ! Cette troupe de théâtre de rue installée à Nantes crée des spectacles aussi loufoques que magnifiques, qu'elle joue aux quatre coins du monde.

Des villes de caractère

En Bretagne, les villes pleines de charme et de caractère ne manquent pas ! En voici quelques-unes qui te plairont certainement par leur beau patrimoine et leur qualité de vie.

Une enseigne, rue Kéréon, à Quimper.

Quimper la coquette

En été, la capitale de la Cornouaille prend des airs de ville du Sud avec son climat ensoleillé et ses nombreuses animations. En face de la cathédrale se trouve le Quimper médiéval aux rues pittoresques qui portent encore le nom des métiers qui y étaient installés : rue des Boucheries, place au Beurre, rue des Gentilshommes (nobles et magistrats).

Le festival de Cornouaille

Chaque année durant la première semaine de juillet, le festival de Cornouaille est le grand rendez-vous des musiques, des danses et des traditions bretonnes qui se mélangent volontiers à d'autres courants artistiques.

La cathédrale de Quimper.

Vannes la belle

Son nom vient des Vénètes, une tribu gauloise de marins intrépides qui opposèrent une farouche résistance aux armées romaines de Jules César. Vannes doit sa prospérité à sa situation, au fond du golfe du Morbihan. C'est aujourd'hui une cité d'art et d'histoire au patrimoine très riche, avec ses superbes maisons à colombages.

La place Henri-IV est bordée des plus anciennes maisons à colombages de la ville.

Saint-Brieuc la littéraire

Pour apprécier le charme de la ville, il faut flâner dans les ruelles aux alentours de la cathédrale où vivaient autrefois les petits marchands et les ouvriers. Cet univers a été admirablement décrit par l'écrivain briochin Louis Guilloux, dont l'œuvre a beaucoup contribué à la notoriété littéraire de la ville.

Visite Saint-Brieuc le mercredi ou le samedi, pour voir le centre-ville transformé en un gigantesque marché.

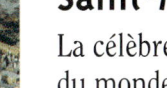

Saint-Malo la corsaire

La célèbre cité corsaire attire les touristes du monde entier, séduits par l'histoire et l'ambiance de cette ville tournée tout entière vers la mer. Pour connaître Saint-Malo, il faut d'abord faire le tour de ses remparts imposants, avant de s'enfoncer dans les ruelles de la ville close. En grande partie détruite par un bombardement en 1944, elle a retrouvé son cachet grâce une reconstruction exemplaire.

De nombreuses manifestations animent la ville tout au long de l'année, parmi lesquelles le départ de la course du Rhum, le festival Étonnants Voyageurs ou encore le festival de BD Quai des bulles.

Josselin, *ci-dessous*.

Les cités de caractère

Si tu es un passionné d'histoire et de vieilles pierres, procure-toi à l'office de tourisme des informations sur les petites cités de caractère ou les villes d'art et d'histoire en Bretagne. Cela te donnera des idées d'excursions à travers toute la région, pour découvrir des villages et des petites villes au patrimoine exceptionnel, de Bécherel, la cité du livre, à Josselin et sa forteresse, en passant par Moncontour, Malestroit, Locronan, Tréguier ou Guerlesquin, pour ne citer qu'elles !

Bretagne en pointe

Les Bretons ont la réputation d'être dynamiques et entreprenants. L'activité économique de la région est à leur image, avec de belles réussites dans le domaine de l'agroalimentaire et des télécommunications.

L'agroalimentaire dynamique

En Bretagne, la filière agroalimentaire est particulièrement dynamique. Elle transforme et conditionne la production de la région (viandes, produits laitiers, légumes, produits de la mer), pour en faire des plats cuisinés, des produits congelés, des conserves, des laitages et des biscuits. Tu connais les biscuits BN, Lu ou Traou Mad, les légumes Cassegrain, le thon Petit Navire, le pâté Hénaff, les glaces Flipi ou le lait Bridel ? Ce sont des marques bretonnes !

Une usine agroalimentaire.

Des pinceaux au poil !

Dans le monde entier, les peintres utilisent des pinceaux bretons : ce sont ceux fabriqués à Saint-Brieuc par des entreprises d'envergure internationale sous les marques Léonard, Art ou Raphaël. Si les pinceaux de loisirs sont désormais en fibres synthétiques, ceux utilisés par les artistes sont toujours fabriqués avec des poils naturels : martre, mangouste, écureuil, blaireau, poney, chèvre ou cochon.

Le plus beau et le plus cher est le pinceau en martre rouge de Sibérie, véritable « Rolls-Royce » du peintre.

Matière grise et technologies du futur

Dans le domaine de l'électronique et des télécommunications, la Bretagne s'est taillé une part de choix avec des pôles de recherche et de développement très réputés. Le CCETT de Rennes a donné naissance au Minitel, qui a été expérimenté en Ille-et-Vilaine avant d'être développé dans toute la France. À Lannion, capitale bretonne des télécommunications, les laboratoires du CNET élaborent les innovations technologiques en matière de réseaux de communication. Grâce à ces inventions, on peut transmettre de plus en plus d'informations (voix, image, son, données informatiques) et de plus en plus vite.

Le radôme.

La grande oreille de Pleumeur-Bodou

À quelques kilomètres de Lannion, l'immense sphère blanche du radôme de Pleumeur-Bodou domine le paysage. Cette antenne gigantesque, surnommée « la grande oreille », a permis en 1962 d'assurer la première liaison satellite entre la France et les Etats-Unis. On lui doit aussi la diffusion des images du premier homme sur la Lune ou des Jeux olympiques. Aujourd'hui classé monument historique, le radôme abrite un musée des Télécommunications très intéressant. Un planétarium avec images en 3D te fera également voyager dans les étoiles.

À la mode bretonne

L'identité d'une région passe aussi par des goûts, des couleurs, des odeurs, des sensations qui n'appartiennent qu'à elle : une tartine de beurre salé, une crêpe qui croustille, une jolie boîte de gâteaux, un pull marin qui tient bien chaud…Toutes ces petites choses du quotidien font partie du patrimoine de la Bretagne, car elles sont le fruit de longues traditions.

Chez Soizic

Crêperie

Dans le cochon, tout est bon !

Lard, andouille de Guémené, pâté de campagne, saucisse des Côtes-d'Armor, saucisson à l'ail... En Bretagne, on aime bien la charcuterie ! Il faut dire qu'autrefois, toutes les fermes élevaient leur cochon. Dans le prolongement de cette tradition, la Bretagne est aujourd'hui la première région de production porcine de France.

C'est la fête au cochon !

La fête du cochon (*Fest ar Moc'h* en breton) était un grand moment de l'année dans toutes les fermes bretonnes. Une fois la bête tuée et découpée par le boucher de campagne, les femmes mettaient les côtelettes et les rôtis dans le saloir pour les conserver et, avec les autres morceaux, faisaient la charcuterie : boudin, saucisse, lard, pâté, andouille... Des morceaux de viande étaient offerts aux voisins et on faisait un bon repas autour d'un rôti.

Le porc blanc de l'Ouest, ce cochon aux grandes oreilles, avec son format très allongé et ses grandes oreilles tombantes, est typique de la région. Les charcuteries bretonnes lui doivent leur renommée !

Rien ne se perd !

La vessie gonflée et séchée servait à conserver les graines de betterave ou de chou. Parfois, on l'utilisait aussi comme blague à tabac. Les poches de fiel étaient gardées pour soigner les blessures. Les soies, elles, étaient séchées et vendues aux chiffonniers pour fabriquer des brosses.

Boutique de salaisons, à Morlaix, au début du XXe siècle.

Le pâté Hénaff

Dans sa petite boîte bleue, le célèbre
pâté Hénaff a fait le tour du monde.
Et en Bretagne, il n'y a pas un pique-
nique ou une balade en mer sans lui !
Indémodable, ce pâté a été créé
en 1914 par Jean Hénaff dans sa
conserverie de Pouldreuzic, dans
le pays bigouden. L'originalité de la recette
tient au fait que tous les morceaux du cochon
sont utilisés, même les plus nobles. Quant au reste,
c'est un secret jalousement gardé de père en fils !

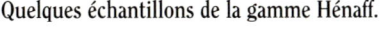

Quelques échantillons de la gamme Hénaff.

L'andouille de Guémené

L'andouille est la spécialité très
réputée du bourg de Guémené-
sur-Scorff, dans le Morbihan.
Sa méthode de préparation est
restée artisanale. On la déguste
froide ou chaude, par exemple
en garniture dans une galette,
ou en tranches passées
à la poêle avec une purée
de pommes de terre.

Le *kig ha farz*

En te promenant dans le Finistère Nord,
tu auras sûrement l'occasion de goûter ce plat
traditionnel du Léon, car de nombreux
restaurants le mettent sur leur carte.
Le *kig ha farz* est une sorte de gros
pot-au-feu avec du bœuf, du porc
et des légumes. L'ingrédient très
breton est le *farz*, une préparation
à base de farine de blé noir que l'on
cuit dans le bouillon, à l'intérieur
d'un sac en toile. Dans certaines
charcuteries, on trouve du *farz*
tout prêt, à réchauffer à la poêle
avec un bon morceau de beurre.

De l'or jaune et salé

Le beurre salé est à la Bretagne ce que l'huile d'olive est à la Provence : indispensable ! Cuit, il sert à faire la cuisine ; cru, il est toujours présent sur la table. Car en Bretagne, on n'imagine pas de faire un repas sans le fameux « pain-beurre » !

Une baratte.

Un travail de femmes

Traditionnellement, la fabrication du beurre était un travail de femmes. La crème de lait était battue dans une baratte en bois, sorte de petit tonneau muni de pales actionnées par une manivelle, qui frappaient la crème (autrefois, on utilisait un bâton). Il fallait tourner pendant des heures, jusqu'à ce que la crème change de consistance et se transforme en beurre. Celui-ci était mis dans une jatte avec du gros sel. Sa présentation était également très importante : les fermières faisaient de belles mottes ornées de dessins, à l'aide d'une cuillère ou d'un moule en bois sculpté.

Le pardon au beurre

Chaque année, à Spézet, lors du pardon qui a lieu le premier dimanche après la Pentecôte, une grande motte de beurre sculptée est confectionnée et exposée dans l'église pour recueillir des dons.

Tout un art !

En Bretagne, les fermières étaient très fières de leur beurre. Chacune avait ses petits secrets de préparation : de l'ajonc finement pilé pour obtenir une belle couleur jaune, des pousses de noisetier mises dans la baratte pour que le goût soit plus délicat. Les clientes étaient également très exigeantes. Sur les marchés, elles « pinçaient » le beurre avant de l'acheter : elles le piquaient avec une aiguille ou une épingle à cheveux pour vérifier qu'il n'était pas trop salé ou écrémé.

Une marchande de lait au début du XXᵉ siècle.

Marais salants de Guérande vus du ciel.

Histoire de sel

Si le beurre est salé en Bretagne, c'est à l'histoire qu'il le doit : sous l'Ancien Régime, la région produisait du sel en abondance et à bas prix, car elle n'était pas soumise à la gabelle, l'impôt sur ce produit. Le sel a donc été utilisé pour conserver les aliments, et en particulier le beurre.

Le bon beurre

Aujourd'hui, le beurre breton est fabriqué industriellement et a de beaux jours devant lui : les Bretons consomment encore 3 fois plus de beurre que le reste de la France !

Niniches et salidous

En Bretagne, même les confiseries sont faites à base de beurre salé, comme les niniches de Quiberon (sucettes aux multiples parfums) ou les caramels salidous.

Des caramels à la fleur de sel.

Le lait ribot

Le lait ribot est un petit-lait aigre issu du barattage du beurre. D'où son nom qui vient du mot breton *ribod*, « la baratte ». On le boit avec des crêpes, ou encore versé sur des pommes de terre chaudes ou des châtaignes.

La saga de la sardine

Aussi modeste soit-elle, la sardine tient une grande place en Bretagne. Il faut dire qu'à l'époque où elle fréquentait les eaux de la région, elle était le gagne-pain de milliers de familles, pêcheurs et ouvrières de conserveries.

L'art de mettre en boîte

Avant l'invention de la conserve, les aliments étaient « confits » dans le sucre, la graisse ou le sel. En 1796, Nicolas Appert découvre le procédé de conservation par stérilisation. Cette découverte sera améliorée par Pierre-Joseph Colin, « confiseur » de sardines nantais, qui l'appliquera à la conservation de la sardine frite à l'huile. Très vite, « confiseries », « friteries » puis conserveries de poissons s'installent sur la côte sud de la Bretagne.

Vers 1850, 150 conserveries sont installées entre Les Sables-d'Olonne et Douarnenez. Elles emploient des milliers d'ouvriers, des femmes en grande majorité.

Les *Penn sardin*

Au XIXe siècle, la sardine fait vivre le port de Douarnenez. Un millier de chaloupes sardinières pêchent le petit poisson bleu qui est mis en boîte dans une trentaine de conserveries. Les ouvrières sont surnommées les *Penn sardin*, ou « têtes de sardines », un nom qui reste attaché aux Douarnenistes, même si l'activité a décliné au XXe siècle avec la migration des bancs de sardines vers d'autres eaux. La tradition, elle, demeure : outre les conserveries (dont la célèbre Chancerelle, la plus ancienne usine de sardines du monde), la ville fait la fête à la sardine, tous les ans en juillet, à l'occasion d'un joyeux festival baptisé « Les arts dînent à l'huile ».

Débarquement des sardines dans le port de Douarnenez au XIXe siècle.

Sardines
« à l'ancienne »

La méthode pour faire des sardines à l'huile
« à l'ancienne » n'a pas changé : elle nécessite des poissons
de petite taille et pêchés du matin. Les sardines sont préparées,
puis salées et séchées au soleil. Elles sont ensuite frites et mises
à égoutter, puis rangées manuellement dans leurs boîtes.

Salaison de la sardine
au Pouliguen
au XIXe siècle.

La fête des Filets bleus

Au début du XXe siècle, les sardines désertent les côtes
bretonnes. Dans les ports, des familles entières
se retrouvent sans travail. À Concarneau, l'œuvre
des Filets bleus organise des kermesses pour venir
en aide à la population. Devenue l'un des grands
rendez-vous de l'été en Bretagne, la fête
des Filets bleus perpétue la tradition tous les ans
au mois d'août avec de nombreuses animations :
musiques et danses folkloriques, concerts,
jeux et, bien sûr, sardines grillées !

Sardines
de collection

Les conserveries bretonnes
misent sur la qualité de leurs
sardines, mais aussi sur
la présentation. Les boîtes
de sardines joliment décorées
font la joie de nombreux
collectionneurs !

Tartines de crème de sardine

Il te faut une boîte de sardines à l'huile, du beurre salé, du pain.
1. Partage les sardines en 2 pour enlever les arêtes, puis écrase-les
bien avec une fourchette en ajoutant le beurre
que tu auras sorti à l'avance du frigo.
2. Grille des toasts et tartine-les avec
la crème de sardine. Décore-les avec des
bouts d'olives noires. Voilà, ton entrée est prête !

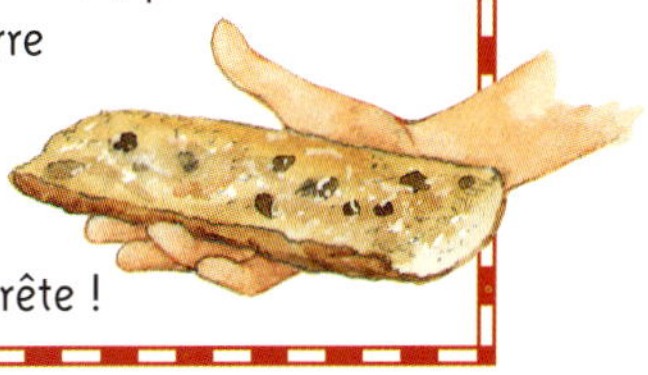

Et une « jambon-fromage » !

Tu sens cette odeur de beurre chaud et de pâte croustillante ? Pas de doute, tu es bien en Bretagne, installé dans une bonne crêperie de la région. Devant toi, la crêpière s'active devant son *bilig* fumant.

Sarrasin.

Un peu d'histoire

Durant des siècles, la galette de sarrasin (blé noir) a constitué la base de l'alimentation paysanne. On la découpait en morceaux et on la trempait dans du lait baratté, le « lait ribot », qui a un petit goût aigrelet. La crêpe sucrée, à farine de froment, a été inventée beaucoup plus tard, à la fin du XIXᵉ siècle.

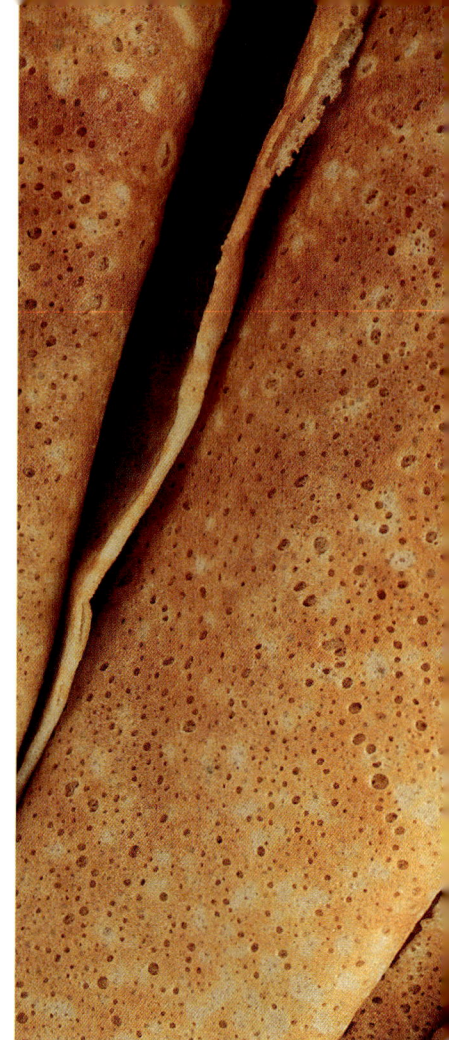

Les garnitures

Traditionnellement, les galettes se mangeaient telles quelles, avec du beurre et éventuellement un œuf ou une tranche de jambon. Aujourd'hui, on les garnit avec quantité d'ingrédients que l'on peut combiner entre eux. Pour les galettes : jambon, œuf, fromage, oignons, champignons, andouille, saucisse, viande hachée, salade, tomate, crème fraîche. Pour les crêpes : sucre, chocolat fondu, confiture, pommes caramélisées, chantilly, banane, miel, citron, glace. Et ce ne sont que quelques exemples !

Petit lexique

Galette : crêpe salée à la farine de blé noir (ou sarrasin).
Crêpe : crêpe sucrée à base de farine de froment.
Complète : galette œuf-jambon-fromage.
Complète andouille : galette œuf-andouille-fromage.
Galette œuf miroir : si tu préfères ton œuf entier plutôt que brouillé.
***Bilig* :** grosse plaque en fonte sur laquelle on cuit les galettes et les crêpes.

Galettes de blé noir

1. Dans une terrine, mélange le sel et la farine. Incorpore peu à peu l'eau tout en soulevant et en battant la pâte avec les mains jusqu'à ce qu'elle devienne onctueuse et coulante.

2. Avec un chiffon imbibé d'huile, graisse la galetière et fais-la bien chauffer.

3. Avec une petite louche, verse un peu de pâte sur un bord de la galetière et étale-la en 3 mouvements avec la *rosell*. En général, il faut s'exercer plusieurs fois avant d'attraper le coup de main !

4. Lorsque la galette est cuite sur un côté, retourne-la d'un geste vif avec la *spanell* et laisse-la cuire un instant avant de mettre au milieu un morceau de beurre et la garniture de ton choix : œuf, jambon, fromage... Une fois que tout est chaud, plie les bords de la galette de manière à former un carré.

Ingrédients

• 1 kg de farine de blé noir
• 2 litres d'eau,
• 1 poignée de gros sel
• beurre demi-sel

Matériel

• 1 galetière (plaque en fonte circulaire)
• 1 *rosell* (raclette en bois)
• 1 *spanell* (spatule en bois)

1   2   3   4

Crêpes de froment

1. Dans une terrine, mélange la farine et les œufs et incorpore le lait petit à petit jusqu'à obtenir une pâte fluide, qui fera des crêpes fines et croustillantes. Pour la cuisson, utilise une galetière ou une poêle bien chaude, que tu auras graissée en premier avec un peu d'huile pour que les crêpes n'attachent pas.

2. Ajoute une noix de beurre avant la cuisson de chaque crêpe.

3. Fais-les bien dorer de chaque côté et empile-les dans une assiette avant de les manger avec du sucre, du chocolat ou de la confiture.

Ingrédients

(pour une vingtaine de crêpes)
• 250 g de farine de froment
• 4 œufs entiers
• 1/2 litre de lait
• beurre

Des gâteaux pur beurre !

Les gâteaux et biscuits bretons ont un point commun qui les rend inégalables : le beurre salé qu'on met dedans !

Gâteau breton.

Le gâteau des familles

À l'origine, le gâteau breton était celui que l'on faisait dans toutes les familles à l'occasion des repas de fête. Il était, et est toujours, préparé avec de la farine de froment, du sucre, du beurre salé et des jaunes d'œufs.

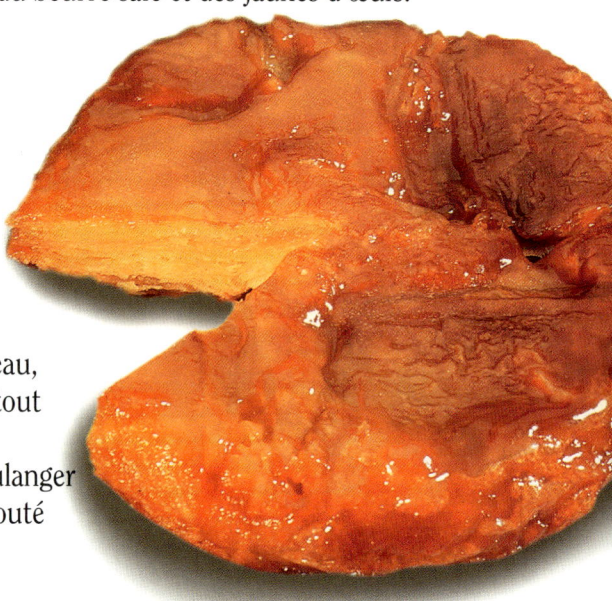

Le *kouign amann* de Douarnenez

Son nom breton veut tout dire : *kouign* pour gâteau, et *amann* pour beurre ! On en trouve un peu partout en Bretagne, mais le « vrai » *kouign amann* est de Douarnenez. On attribue son invention à un boulanger de la ville, qui, ayant raté sa pâte à pain, aurait ajouté du beurre et du sucre pour en faire un gâteau.

Kouign amann.

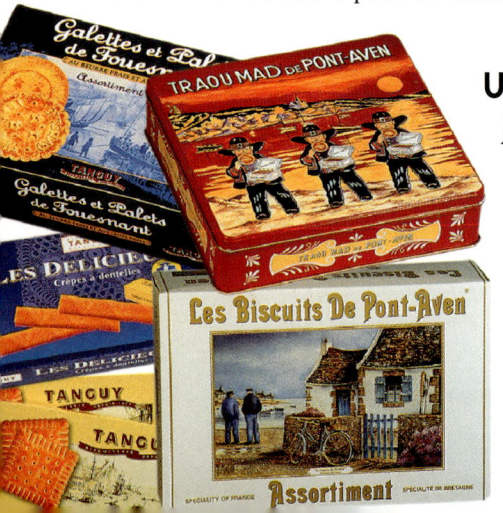

Une image de la Bretagne

À côté de sociétés multinationales comme les Galettes Saint-Michel, Lu, ou BN, une soixantaine d'entreprises artisanales fabriquent des biscuits. Certaines ont été fondées au début du siècle et sont tellement connues qu'on peut dire qu'elles font partie du patrimoine de la région. Ce sont par exemple les Traou Mad de Pont-Aven, les galettes de Pleyben ou de Fouesnant, les Punch de Loudéac ou les crêpes dentelle Gavottes du pays de Quimper.

La saga du biscuit

L'industrie du biscuit est née à Nantes avec la fabrication du biscuit de mer, une pâte sèche et dure prévue pour se conserver pendant les longues traversées. Très vite, la consommation se développe et de nouvelles gammes de produits sont créées : ce sera le fameux petit-beurre Lu, ou encore le BN (Biscuiterie nantaise), un gros biscuit nourrissant qui devient le casse-croûte des ouvriers... Ce n'est rien d'autre que l'ancêtre du Choco BN d'aujourd'hui !

Far breton aux pruneaux.

Le far breton

Aux pruneaux ou aux raisins, le far ressemble à un clafoutis. Avec son petit goût de beurre salé, il est délicieux.

1. Dans une terrine, mélange la farine et le sucre. Fais un puits au milieu et ajoute les œufs. Remue doucement avec une cuillère en bois et verse le lait petit à petit. Ajoute des raisins secs, des pruneaux ou des tranches de pomme.

2. Mets la pâte dans un plat bien beurré à four chaud, pendant une demi-heure environ.

Ingrédients

• 250 g de farine de froment
• 150 g de sucre
• 4 œufs entiers
• 1/2 litre de lait
• beurre demi-sel

Le petit Breton de Quimper

Le Breton en costume traditionnel des faïences de Quimper ainsi que les vêtements marins représentent parfaitement la Bretagne dans le monde entier.

De la Provence à Quimper

Si la tradition de la faïencerie s'est implantée à Quimper, c'est grâce à l'arrivée dans la ville d'un faïencier provençal, Jean-Baptiste Bousquet, qui crée une manufacture en 1690. Le style « Quimper », qui a fait la renommée de la production quimpéroise dans le monde entier, n'est apparu qu'à la fin du XIXe siècle. Il s'inspire de la vie quotidienne bretonne, noces, danses, marchés ou pardons. Le décor le plus célèbre est celui du « petit Breton », un homme vêtu d'un costume traditionnel, et d'une Bretonne en coiffe de Quimper. Les fleurs, les bouquets, les oiseaux, sont d'autres motifs très connus.

Assiette en faïence de Quimper.

Locmaria
À Locmaria, quartier historique de la faïence, tu peux te rendre au musée de la Faïence et visiter les ateliers des faïenceries de Quimper.

Décoration à la main

Si les fours sont aujourd'hui chauffés à l'électricité, le savoir-faire reste inchangé : chaque pièce est décorée à la main sur émail et est unique en son genre, car elle dépend du coup de pinceau personnel du peintre (traditionnellement des femmes, les « peinteuses »). La technique utilisée est appelée « à la touche » : un seul trait de pinceau dépose la couleur et imprime la forme du motif. Cela demande une grande habileté et plusieurs années d'apprentissage.

La vogue des vêtements marins

Avant d'être à la mode, les marinières ou les pulls marins étaient des vêtements de travail pour les marins pêcheurs. Avec la vogue de la Bretagne et de la plaisance, ils sont devenus aussi des vêtements de vacances.

Le pull marin

En pure laine vierge, le pull marin était à l'origine destiné aux pêcheurs pour les protéger du froid, du vent et de la pluie. Dans sa version classique, le col est boutonné à l'épaule. On peut ainsi l'enfiler même coiffé d'un chapeau de ciré ou d'une casquette.

La marinière

Le tricot en coton rayé des matelots de la Marine nationale est devenu le grand classique du vêtement breton.

Le kabig

Ce manteau en drap épais avec une capuche et une poche sur le devant pour mettre les mains a fait la conquête des citadins dans les années 1960.

La vareuse

Cette sorte de blouse en toile épaisse est idéale pour aller en mer. Autrefois, elle était fabriquée en toile à voile.

Le dernier tisserand de Locronan arrêta son activité en 1914.

Pourquoi des rayures ?

Il semblerait que l'utilisation traditionnelle des rayures pour l'uniforme du matelot vienne d'une technique de tissage qui faisait alterner des bandes de laine usagée avec des bandes de laine neuve.

Histoire

Avec ses racines celtes, la Bretagne est une terre qui s'est toujours sentie différente. Son histoire, ponctuée de guerres et de révoltes, est marquée par ses rapports avec la France et sa volonté d'indépendance. Elle en a gardé un caractère et une identité bien à elle !

Le temps des menhirs et des dolmens

Les dolmens et les menhirs sont si nombreux en Bretagne qu'ils en sont devenus le symbole. Ils ont été érigés au néolithique, c'est-à-dire entre 4500 et 2000 av. J.-C. À cette époque, les hommes se mettent à l'agriculture et à l'élevage, construisent des maisons en bois... et donnent naissance à l'art des mégalithes.

Les menhirs

La Bretagne est la région du monde où il y a le plus de menhirs. On en compte plusieurs milliers, dont 3 000 dans la seule région de Carnac ! Ce n'est donc pas étonnant si c'est le mot breton *menhir* « pierre dressée », qui désigne ce type de mégalithe dans le monde entier. De taille variable (de 1,5 m à 11 m), les menhirs sont isolés ou en groupes formant des alignements ou des cercles. Leur signification reste mystérieuse : lieux de rassemblement, bornes d'itinéraires, repères astronomiques ? Les nombreuses hypothèses avancées ne reposent que sur des suppositions.

Les alignements de menhirs de Carnac, dans le Morbihan, sont connus dans le monde entier.

Prouesses techniques

Imagine un peu la prouesse que devait représenter l'édification d'un menhir à une époque où les machines n'existaient pas ! Les pierres, qui pesaient des dizaines de tonnes, étaient extraites, taillées, transportées sur des kilomètres puis fichées dans le sol. Cela suppose l'existence d'une société bien organisée et de techniques efficaces : de nos jours, le redressement d'un grand menhir à Plabennec avec des moyens « préhistoriques » a nécessité l'effort de 300 hommes.

Des dolmens pour les morts

À partir de 4600 avant J.-C., 2 000 ans avant les pyramides d'Égypte, on construit en Bretagne des dolmens (tables de pierre) pour enterrer les morts. Parmi eux, les cairns et les tumulus sont de grands monuments en pierre qui recouvrent des chambres funéraires précédées de couloirs.

De construction plus tardive, les allées couvertes sont nombreuses et variées : petites ou grandes, elles comportent un couloir et une ou plusieurs chambres funéraires. Certains dolmens sont décorés de gravures : serpents, haches, crosses, des déesses-mères.

Dans le golfe du Morbihan, le cairn de Gavrinis est considéré comme le plus beau du monde pour ses gravures.

Le plus célèbre des cairns bretons est celui de Barnenez, près de Morlaix.

Une fabrique de haches à Plussulien

Pendant plus de 2 000 ans, à l'époque néolithique, les ateliers de Plussulien (Côtes-d'Armor) ont produit des millions de haches qui étaient taillées dans une roche très dure, la dolérite. Les haches de Plussulien étaient exportées très loin : on en a trouvé en Angleterre, en Belgique et dans le sud de la France.

Nos ancêtres les Celtes

Un collier celte. Les Celtes étaient de très bons artisans qui travaillaient les métaux.

Les origines de la Bretagne sont le fruit de peuplements et de conquêtes successifs par les Celtes, les Romains, et les Bretons de Grande-Bretagne. Après une longue période de conflits entre les Bretons et les Francs, qui convoitent la péninsule, le royaume de Bretagne naît au IXe siècle avec la victoire de Nominoë sur l'armée franque.

L'Armorique des Celtes

L'arrivée des Celtes marque la naissance de l'Armorique. Ce peuple conquérant originaire d'Ukraine a essaimé dans de nombreux pays d'Europe avant d'atteindre la péninsule bretonne qu'il baptise Armorique, tiré d'Armor, « le pays de la mer ». Au IIe siècle avant J.-C., 5 communautés celtes se partagent le territoire. La plus puissante est celle des Vénètes, qui occupent l'actuel Morbihan.

Le triskell, symbole celte

Symbole celte, le triskell vient du mot grec *triskelês* qui signifie « 3 jambes ». Il évoque le soleil, le mouvement perpétuel ou encore les 3 éléments (air, eau et feu). Après avoir disparu pendant des siècles, le triskell a été remis au goût du jour dans les années 1920.

Les druides

Les druides ne sont pas seulement des personnages de bandes dessinées ! Dans la société celte, ces hommes très respectés et puissants étaient à la fois prêtres, juges et professeurs. Ils assuraient les plus hautes fonctions dans la religion celtique, qui était fondée sur la vénération de centaines de divinités sous forme d'objets et de lieux.

La forêt druidique de Huelgoat.

L'époque romaine

Malgré une forte résistance
des Vénètes, les légions romaines
de Jules César finissent par conquérir
l'Armorique, qui devient gallo-
romaine en 57 av. J.-C. Pendant
4 siècles, la région vit en paix.
L'activité agricole est intense
et le commerce florissant.
Les villes se développent
et un important réseau de voies
romaines favorise les échanges
commerciaux et culturels.

Statuette de Minerve
découverte dans le Finistère.

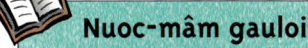

Nuoc-mâm gaulois

À l'époque gallo-romaine,
on fabriquait sur la côte
(notamment en baie de
Douarnenez) du *garum*, version
armoricaine du nuoc-mâm
vietnamien. Cette sauce
de poisson très réputée était
réalisée dans de grandes cuves
où l'on empilait des couches
de poisson et de sel. Le *garum*
était exporté
dans tout
l'empire.

Un menhir christianisé,
dans le Léon.

Au IIIe siècle de notre ère, Vorgium (l'actuelle ville de Carhaix au centre
du Finistère) était l'une des principales cités de l'ouest de la Gaule, bien plus
importante que Condate (Rennes) ou Lutèce (Paris), comme en témoignent
les vestiges de son aqueduc, *ci-dessus*, qui faisait 27 km de long.

Les Bretons arrivent

Entre le IVe et le VIe siècle, des milliers de Bretons (nom donné
aux Celtes qui vivaient dans l'actuelle Grande-Bretagne)
s'installent en Armorique. Les deux populations se connaissent
déjà par leurs échanges commerciaux et parlent des langues
très proches. Des moines bretons (Brieuc, Pol, Guénolé,
Malo…) venus du pays de Galles et d'Irlande christianisent
l'ouest et le nord de l'Armorique, en fondant des paroisses
et des monastères. Ce sont les saints fondateurs de la Bretagne.

Anne de Bretagne.

Quand la Bretagne devient française

Après de longs siècles d'invasions, de guerres internes et de conflits avec le pouvoir royal, la Bretagne est rattachée à la France en 1532. Son histoire, marquée par de grandes révoltes, ne sera pas tranquille pour autant.

La reine des Bretons

Anne de Bretagne est une figure emblématique de l'histoire bretonne. Duchesse de Bretagne à l'âge de 12 ans, elle sera 2 fois reine de France : d'abord en épousant Charles VIII, puis, à la mort de ce dernier, Louis XII. Pendant ce temps, elle continue à exercer sa souveraineté sur le duché de Bretagne et à lui assurer une relative indépendance. Anne de Bretagne meurt en 1514. En 1515, Claude, sa fille aînée, apporte la Bretagne en dot à François Ier. En 1532, la Bretagne devient une province de la France.

L'âge d'or

Fleur de lin.

Les XVIe et XVIIe siècles sont appelés « l'âge d'or » de la Bretagne, tant l'époque est prospère pour l'économie et la vie artistique de la région. L'une des causes est la culture du lin et du chanvre, qui développe fortement l'artisanat textile. Dans le Léon et dans les régions de Quintin, Moncontour et Loudéac, on tisse de fines toiles de lin, tandis que les pays de Locronan, Rennes et Vitré fabriquent des voiles et des sacs d'emballage avec le chanvre. La production bretonne est exportée en Espagne, en Hollande et en Angleterre. Elle crée des milliers d'emplois et enrichit de nombreuses villes.

Fileuse au rouet, à la fin du XIXe siècle.

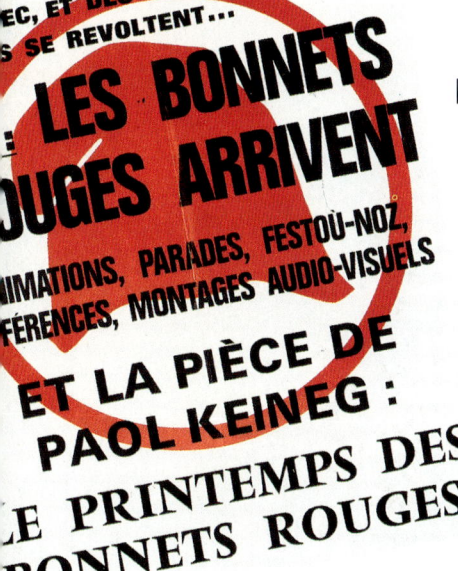

La révolte des Bonnets rouges

Au début du règne de Louis XIV, l'instauration de nouveaux impôts (sur le papier timbré, le tabac et la vaisselle d'étain) provoque 2 grandes révoltes bretonnes : celle du papier timbré dans les villes de Haute-Bretagne et celle des Bonnets rouges dans les campagnes de Basse-Bretagne. La répression est féroce et met fin à la prospérité de la région en étouffant son commerce.

Un guetteur chouan.

Les chouans

Sous la Révolution française, des insurrections ont lieu en Bretagne pour protester contre la place faite au clergé et contre la conscription (l'enrôlement dans l'armée) obligatoire. Au sud de la Loire, la Vendée se soulève. Les chouans, au nord, commencent une lutte qui se prolongera jusqu'à l'avènement de Napoléon. Présents dans l'est de la Bretagne, la Basse-Normandie, le Maine et l'Anjou, les chouans opèrent en petites bandes. À leur tête, on trouve des nobles, mais aussi des chefs populaires comme Cadoudal dans le Morbihan.

Georges Cadoudal, le célèbre chef chouan du Morbihan, tenta d'assassiner 2 fois Bonaparte. Il fut guillotiné en 1804.

Le débarquement de Quiberon

Le 27 juin 1795, 5 400 royalistes émigrés appuyés par une importante flotte anglaise débarquent à Quiberon, tandis que 12 000 chouans convergent vers la presqu'île. Leur but : restaurer la monarchie en France. Hoche, général en chef des forces républicaines, leur inflige une cuisante défaite. Plus de 6 000 personnes seront arrêtées, et 748 royalistes fusillés.

Pourquoi les chouans ?

Parce que le cri de ralliement des chefs des insurgés dans le Maine imitait celui du chat-huant !

Guerres et paix

La Bretagne est d'autant plus fière de sa modernité et de son dynamisme qu'elle a connu dans le passé la pauvreté et le sous-développement. Elle a également été très touchée par les deux guerres mondiales. Heureusement, l'histoire se termine bien !

Affiche touristique.

CHEMINS DE FER DE L'ÉTAT
VOYAGES A PRIX RÉDUITS
BAINS DE MER DE LA MANCHE ET DE L'OCÉAN

La Bretagne à la mode

Depuis longtemps, la Bretagne est une région très touristique. Séduits par l'image d'une région sauvage et pittoresque, les premiers touristes arrivent dès le XIXᵉ siècle sur les côtes bretonnes. Des stations balnéaires telles que La Baule, Dinard ou Perros-Guirec attirent une clientèle fortunée de Français, d'Anglais et d'Américains. Les bains de mer sont à la mode, et le premier centre de thalassothérapie ouvre à Roscoff. Des ports de plaisance, des villas, des hôtels et des casinos se construisent un peu partout. Avec les congés payés de 1936, le tourisme se diversifie et se développe de plus en plus.

En 1928, Dinard était une station balnéaire très en vogue, avec 100 hôtels et 4 casinos !

Les Bretons d'Amérique

La région de Gourin, dans le Morbihan, est connue pour être le « Far West » breton. Fuyant la pauvreté, 11 500 personnes sont parties tenter leur chance aux États-Unis dès la fin du XIXᵉ siècle. Beaucoup de ces Bretons ont fait leur vie là-bas et se sont mariés avec des Américains. Mais les liens restent forts avec leur pays d'origine !

Les docks de Brest après un bombardement.

La Bretagne sous les bombes

Pendant la Seconde Guerre mondiale, les Allemands construisent des bases de sous-marins à Brest, Lorient et Saint-Nazaire. Des milliers de jeunes Bretons sont réquisitionnés pour édifier le mur de l'Atlantique, qui doit empêcher toute tentative de débarquement. À partir de 1942, les aviations alliées bombardent de manière systématique ces sites stratégiques. En 1943, Brest, Lorient et Saint-Nazaire sont anéanties par les bombes et doivent être évacuées, comme Saint-Malo et Nantes. Les pertes humaines sont très lourdes. La Bretagne est, avec la Basse-Normandie, la région française la plus touchée par les destructions de la guerre.

Le pont de Recouvrance, à Brest en 1944.

La ville de Lorient bombardée, en 1943.

Les résistants de l'île de Sein

Après avoir entendu l'appel du général de Gaulle, le 18 juin 1940, les 133 hommes de l'île de Sein décident de le rejoindre en Angleterre et seront les premiers volontaires de la France libre. En 1946, le général viendra remettre aux Sénans la croix de la Libération.

Arts et traditions

Terre privilégiée des peintres et des écrivains, la Bretagne attire aussi tous ceux qui sont sensibles aux endroits ayant une personnalité très forte. Longtemps ignorée, la culture bretonne fait preuve aujourd'hui de beaucoup de dynamisme et de créativité. La musique, les danses et les traditions sont mises à l'honneur à l'occasion d'innombrables fêtes et festivals qui attirent toujours plus de participants.
Quelle vitalité !

AR BREZHONEG
YEZH AN DAZONT

DIWAN
Skolioù Mamm Brezhoneg

Une langue toujours vivante

Autrefois, le breton était la langue quotidienne de la population de Basse-Bretagne. Combattu, et même méprisé, le breton s'est peu à peu effacé au profit du français. Il n'en reste pas moins un élément essentiel de la culture bretonne et est aujourd'hui défendu avec vigueur.

Bretagne bretonnante

Le breton est une langue celtique, comme l'irlandais, l'écossais ou le gallois. Pendant des siècles, il a été parlé dans toute la partie ouest de la région (la Basse-Bretagne). Avec le rattachement de la Bretagne à la France au XVIe siècle, le breton a peu à peu reculé devant l'influence du français, surtout dans les villes. Aujourd'hui, la Bretagne « bretonnante » couvre la totalité du Finistère et la partie est du Morbihan et des Côtes-d'Armor. Selon différentes enquêtes, 400 000 à 600 000 personnes comprendraient le breton, et 250 000 à 450 000 le parleraient.

BOURG-BLANC

AR VOURC'H -WENN

Dans la Bretagne bretonnante, la signalisation routière et le nom des communes sont en français et en breton.

Interdiction de parler breton

Au XIXe siècle, les pouvoirs publics combattent énergiquement l'usage du breton à l'école pour obliger les petits Bretons à apprendre le français. Une punition appelée « la vache » est mise en place : il s'agit d'un objet (corne, morceau de bois, ardoise ou galet) que l'on suspend autour du cou de l'écolier surpris à parler breton. Pour s'en débarrasser, celui-ci doit à son tour surprendre un camarade en train de parler sa langue maternelle, et ainsi de suite jusqu'à la sortie des classes. Le dernier porteur de « la vache » écope de la punition.

Le gallo de Haute-Bretagne

En Haute-Bretagne (l'est de la région), on parlait le gallo, un dialecte qui appartient à la famille des langues romanes. Avant l'arrivée du français, les Bretons de Haute et Basse-Bretagne parlaient donc des langues différentes et ne se comprenaient bien évidemment pas ! Progressivement, le gallo s'est effacé au profit du français mais, aujourd'hui, des actions sont menées pour le sauvegarder.

Et même les tags sont en breton !

Le breton médiatisé

De nombreuses associations culturelles
défendent activement le breton : des journaux,
des livres et des bandes dessinées pour petits
et grands sont édités en breton. Il existe
également du théâtre et de la musique
en breton, ainsi que des programmes
de radio et de télévision.

Le *Gwenn ha Du*

Créé en 1925, le *Gwenn ha Du* est le drapeau
breton. Son nom veut dire « blanc et noir »,
tout comme les 2 couleurs qui le composent.
Il comporte 5 bandes noires qui représentent
les évêchés de Haute-Bretagne (Dol, Saint-
Malo, Saint-Brieuc, Rennes, Nantes) et 4 bandes
blanches qui représentent les évêchés
bretonnants de Basse-Bretagne (Cornouaille,
Léon, Trégor, Vannetais). Le coin gauche
est occupé par un quartier d'hermines.

Une seconde jeunesse

Aujourd'hui, le breton est revenu dans
les salles de classe. Dans les écoles Diwan,
« germe » en breton, les élèves font toute
leur scolarité en breton, de la maternelle
au lycée. Des cours de breton sont également
proposés dans les écoles publiques et privées.
À Rennes, l'université offre un cursus
en breton et forme les futurs professeurs.

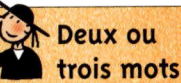

**Deux ou
trois mots**

Demad, deiz mad : bonjour.
Noz vad : bonne nuit.
Kenavo : au revoir.
MerTrugarez : merci.
Breizh : Bretagne.

Costumes de fête

Le chapeau rond, les coiffes et les vêtements richement brodés sont sur toutes les cartes postales de Bretagne. Autrefois portés à l'occasion des fêtes et des mariages, les costumes bretons sont les rois de toutes les fêtes folkloriques qui ont lieu l'été dans la région.

Gilet richement orné de broderies.

Une grande diversité

Comme le dit le dicton breton *kant bro, kant giz* « cent pays, cent mode », les costumes bretons sont d'une très grande diversité. Portés lors des fêtes et des cérémonies, ils étaient le symbole d'appartenance à une paroisse ou à un pays. Les couleurs, les broderies, les rubans ou les coiffures variaient selon l'origine géographique et la richesse du propriétaire. Aujourd'hui, ces costumes somptueux sont portés lors des pardons et des festivals folkloriques.

Le célèbre chapeau rond, agrémenté d'un ruban de velours, la culotte bouffante appelée le *bragou-braz*, la veste, plus ou moins longue selon les régions, constituent le costume breton masculin.

La coiffe, le corsage croisé, le corselet décoré de broderies, l'ample jupe sombre, le tablier richement orné sont les atours traditionnels de la femme bretonne.

Des coiffes de toutes les formes

Simples bonnets
ou magnifiques montages
de dentelle, de rubans
et de plissés, les coiffes
bretonnes se distinguent
par leur forme, mais aussi
par la façon qu'ont les femmes
de les porter.

Certains noms de coiffes sont assez
évocateurs : la « queue de langouste »
(Morlaix), la « brouette » (Guéméné),
l'« aéroplane » (Lorient),
la « marmotte » (Brest et
Landerneau), la « coq » (Dinan)
ou la « coiffe à cul » (Saint-Malo).

La coiffe bigoudène

Avec ses 32 cm de hauteur, c'est la coiffe bretonne la plus haute
et la plus spectaculaire ! « Puisque le roi a abattu nos clochers,
nous allons les porter sur nos têtes », auraient dit les Bigoudènes
à la suite des représailles de l'armée royale lors de la révolte
des Bonnets rouges au XVIIᵉ siècle. En fait, la coiffe bigoudène,
modeste à l'origine, n'a grandi qu'au début du XXᵉ siècle,
sans doute par simple coquetterie !

Quand les hommes brodaient

Les costumes bigoudens étaient
traditionnellement brodés par
des hommes. Si les derniers
artisans ont disparu,
l'école de broderie
de Quimper perpétue
la tradition en organisant
des cours pour les brodeurs
et brodeuses débutants
ou initiés.

Les tailleurs
exerçaient, parfois,
le métier de brodeur.

Une Bigoudène.

Musique !

L'été, la Bretagne vit au son
des binious, bombardes et autres
instruments traditionnels qui
animent les innombrables festivités
organisées dans la région.
L'occasion de découvrir la belle
vitalité de la musique bretonne,
et de faire quelques pas de danse !

Joueur de *biniou bras* en costume traditionnel.

Bagad

Les *bagadou* (*bagad* au singulier) sont les grands
orchestres bretons qui animent les fêtes et les festivals.
Composés de bombardes, de binious et de batteries,
ils jouent une musique traditionnelle dont la force
et la puissance donnent le frisson
aux spectateurs !

La bombarde
est une sorte
de hautbois
à 6 trous
et 1 clé.

La vielle est un instrument traditionnel
de la Haute-Bretagne

Instruments bretons

Chaque région bretonne a sa tradition musicale.
Le biniou et la bombarde sont les instruments
les plus connus, mais il y en a bien d'autres :
clarinette, violon, harpe, vielle, accordéon diatonique.
Le biniou fait partie de la famille des cornemuses.
Pour obtenir un son, le sonneur gonfle la poche en soufflant
dans un tuyau percé de trous, qu'il ferme avec les doigts.
Il y a 2 types de binious : le *biniou kozh* « vieux biniou »
et le *biniou bras* « grand biniou » ou cornemuse écossaise.
La bombarde est un instrument à vent de la famille
du hautbois. En Haute-Bretagne, le violon,
la vielle et l'accordéon diatonique accompagnent
les danses populaires.

Des chants traditionnels

Triste ou gai, le chant occupait une place très
importante dans la vie des Bretons. La *son*
était une chanson humoristique ou d'amour,
tandis que la *gwerz* était une complainte
racontant des événements dramatiques.
Ces chants étaient souvent interprétés
en plein air, à l'occasion des foires
et des pardons. Aujourd'hui, des chanteurs
comme Yann-Fanch Kemener, Annie Ébrel
et Denez Prigent interprètent fidèlement
ces chants traditionnels.

La vague celtique

Tu connais sûrement Alan Stivell et sa harpe
celtique, Gilles Servat, Dan ar Braz ou le groupe
Tri Yann. Ces musiciens et chanteurs ont lancé
la vogue de la musique bretonne à la fin des années
1960, modernisant le répertoire et introduisant
d'autres courants musicaux, folk ou celtique. Loin
d'être fermée sur elle-même, la musique bretonne
actuelle s'inspire de tous les genres contemporains,
jazz, rock, rap et musiques d'autres pays.

Dan ar Braz en concert.

L'amour de la danse

Dans la Bretagne d'autrefois, il ne se passait
pas une fête sans que les participants
se mettent à danser tous ensemble.
Chaque région avait « sa » danse,
gavotte de Cornouaille, des Montagnes
ou de l'Aven, Laridé et En Dro
du Vannetais, Jabadao de Basse-
Cornouaille… Cet amour de la
danse est toujours très présent :
dans les cercles celtiques,
des milliers de Bretons s'initient
dès leur plus jeune âge aux danses
traditionnelles et se produisent
sur les scènes des fêtes
folkloriques. Et dans les *festou
noz* (fêtes de nuit), de grandes
chaînes humaines se forment
à la première note de musique
qui annonce une gavotte.
Dans ces bals, l'envie de danser
est tellement communicative
que même les timides
et les débutants s'y mettent !

Petites
danseuses
bretonnes.

Fête des vieux gréements de Brest 2000.

Bretagne festive

Ce ne sont pas les occasions de faire la fête qui manquent en Bretagne ! Les festivals, les pardons, les *festou noz*, les rassemblements de vieux gréements et les multiples fêtes locales permettent de passer de joyeux moments remplis de sons et de couleurs.

Les pardons

Typiquement bretons, les pardons sont des fêtes religieuses au cours desquelles les fidèles célèbrent un saint particulier. Après la messe se forme une longue procession. Le cortège chante des cantiques et porte bannières, reliques et statues. La cérémonie se termine par des danses, de la musique et des jeux. Cette tradition, qui était importante dans la vie des Bretons d'autrefois, est toujours bien vivante, et donne lieu à de grandes fêtes traditionnelles. Les pardons les plus célèbres comme ceux de Sainte-Anne-d'Auray, de Sainte-Anne-la-Palud ou de Notre-Dame du Folgoët rassemblent des milliers de personnes venues de toute la Bretagne !

Pardon de Sainte-Anne de Fouesnant à Concarneau.

La Grande Troménie de Locronan a lieu tous les 6 ans durant une semaine. Sur les pas de saint Ronan, des milliers de personnes suivent un parcours immuable de 12 km.

Noce bretonne dans la région de Scaër en 1863.

La ronde des *festou-noz*

Le *fest-noz*, qui veut dire « fête de nuit »
en breton, est un grand bal où tu pourras
t'initier à la gavotte et autres danses qui
se pratiquent souvent en rondes ou en chaînes.
Les danseurs sont accompagnés par des
sonneurs de binious et bombardes, des groupes
traditionnels ou des chanteurs de *kan ha
diskan*, un long récit chanté interprété
par au moins 2 personnes qui se répondent.

La grande famille celte à Lorient

Le Festival interceltique de Lorient, qui a lieu
tous les ans au cours de la première quinzaine
d'août, est le plus grand festival de France !
Des centaines de milliers de personnes
venues de toute l'Europe participent
à ces réjouissances celtes qui durent 10 jours.
On peut y entendre tous les genres musicaux
des pays celtiques (Bretagne, Galice, Irlande,
pays de Galles, île de Man, Écosse), participer
à des *festou-noz*, assister à des concerts
ou à la Nuit des cornemuses, sans oublier
la grande parade des nations celtes qui déferle
dans le centre-ville le premier week-end.

Groupe écossais au Festival interceltique de Lorient.

En Bretagne, musique et danses traditionnelles s'apprennent
dès le plus jeune âge. Le festival de Cornouaille les met
à l'honneur, à l'occasion du défilé d'enfants en costumes,
suivi d'un grand spectacle. Des ateliers de danse, de breton,
de marionnettes ou de crêpes sont également organisés.

Le *baziod* est un jeu de force.

Jeux et sports

En Bretagne, le sport se porte bien ! Le football et le cyclisme sont les 2 grandes passions des Bretons, tandis que les jeux et les sports traditionnels sont encore très pratiqués à l'occasion de concours, de fêtes ou tout simplement entre voisins et amis.

La lutte bretonne

D'origine probablement irlandaise, la lutte bretonne (*gouren* en breton) est un sport très ancien qui se pratiquait beaucoup à la campagne. Aujourd'hui, elle est enseignée dans des écoles de lutte (*skoliou gouren*) et est mise à l'honneur à l'occasion des fêtes traditionnelles. Dans une rencontre de lutte, l'objectif est de déséquilibrer l'adversaire sans jamais lui saisir les jambes avec les bras. Le concurrent a perdu lorsque ses 2 épaules touchent le sol. Attention, seules 16 prises sont autorisées et l'empoignade ne se poursuit jamais à terre.

Jeux de boules

En Bretagne, on joue aux boules sous toutes leurs formes depuis le Moyen Âge, et l'on n'est pas près de s'arrêter ! Autrefois pratiqué dans les chemins creux et sur les places des villages avec des boules en bois, le jeu a aujourd'hui ses boulodromes où de nombreux concours sont organisés à la belle saison. D'autres jeux de boules spécifiquement bretons existent dans certaines régions : la boule morlaisienne qui se joue avec de grosses boules lestées,ou encore, le *boull-tenn* en Cornouaille.

La lutte bretonne ou *gouren* est un sport très ancien.

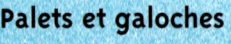

Jeu de palets.

Palets et galoches

Ces jeux très populaires existent dans de nombreuses variantes régionales : palet rennais sur planche, palet sur route du Morbihan, palet sur terre de Carhaix ou encore galoche bigoudène. Cette dernière provient de l'ancien jeu du bouchon qui consistait à s'approprier des pièces de monnaie empilées sur une galoche (un cylindre de bois) placée à 5 m, à l'aide de 3 palets. Aujourd'hui, la galoche bigoudène est un jeu plus complexe qui fait l'objet de nombreux concours et même d'un championnat !

La passion du foot et du vélo

Tu connais sûrement les grandes équipes bretonnes de foot, comme le FC Nantes, le Stade rennais ou En avant Guingamp. Ce sont les vitrines d'un sport qui se pratique énormément dans la région : tous les petits Bretons ou presque jouent au foot dès leur plus jeune âge. Et quand ils ne tapent pas dans le ballon rond, ils font du vélo !

Le cyclisme est en effet une grande tradition de la région, symbolisée par 2 champions qui ont dominé le cyclisme mondial : Louison Bobet et Bernard Hinault, tous deux champions du monde, vainqueurs à plusieurs reprises du Tour de France et des courses cyclistes les plus prestigieuses.

Joueur du Stade rennais en action.

Louison Bobet gagna 3 fois le Tour de France en 1953, 1954 et 1955.

Bernard Hinault.

Jeu de quilles à l'ancienne (*kilhoù kozh*)

Ce jeu sur cibles oppose 2 joueurs ou 2 équipes.
Il consiste à marquer le maximum de points.
Tu as besoin de 9 quilles en bois de différentes tailles (1 grande, 4 moyennes, 4 petites) et 5 boules. Les quilles sont disposées dans un rectangle face aux joueurs. Chaque joueur effectue les 5 lancers à la suite. Il doit faire rouler la boule au moins 1 m avant les quilles. Chaque quille doit être abattue seule pour valoir sa valeur. Quille centrale : 9 points ; quille moyenne : 5 points ; petite : 1 point. Si plusieurs quilles tombent ensemble, elles ne valent plus qu'un point chacune. Seule la grande du milieu peut être relevée entre chaque lancer si elle tombe. Le gagnant est celui qui totalise le plus grand nombre de points au bout des 5 lancers.

Hauts lieux du vélo

C'est à Plouay, dans le Morbihan, que se sont déroulés en 2000 les championnats du monde sur route. Outre son grand prix cycliste qui a lieu tous les ans, Plouay a ouvert un musée du vélo. Un centre d'animations organise également des randonnées à la journée et des stages de perfectionnement.
Autre grand site breton du vélo : le circuit de l'Aulne à Châteaulin, dans le Finistère. Cette course existe depuis 1931 et a vu passer les plus grands champions internationaux.

Le *Port de Camaret* par Eugène Boudin, peinture datant de 1872.

La Bretagne vue par les peintres

Avec sa riche palette de couleurs, de paysages et de coutumes, la Bretagne a séduit les plus grands peintres. Avec Paul Gauguin et l'école de Pont-Aven, elle a même inspiré une grande étape de l'histoire de la peinture.

Claude Monet (1840-1926).

Des peintres illustres

À partir du XIXᵉ siècle, la Bretagne est à la mode auprès des écrivains et des artistes. Attirés par l'image romantique et pittoresque de la région, ses paysages et ses traditions, de nombreux peintres français et étrangers installent leurs chevalets et fondent même des colonies comme à Pont-Aven. Concarneau, Camaret, Douarnenez, Saint-Briac, Bréhat, Cancale, Dinard ou Belle-Île sont également des lieux de rendez-vous pour beaucoup d'artistes, parmi lesquels Camille Corot, Eugène Boudin, Auguste Renoir, Paul Signac, Claude Monet, Henri Matisse ou Picasso.

Tempête sur la côte de Belle-Île, par Claude Monet, 1886.

Des auberges accueillantes

À Pont-Aven, les artistes vivaient ensemble, peignaient en plein air et discutaient de l'art le soir venu. Ils vivaient dans des auberges qui leur faisaient crédit. Deux d'entre elles sont devenues très célèbres grâce à leurs illustres hôtes : l'auberge de Marie-Jeanne Gloanec à Pont-Aven et celle de Marie Henry dite « Marie Poupée » au Pouldu. Cette dernière, dont les murs étaient couverts de peintures et d'images, a été ouverte au public.

Les Meules jaunes, une huile sur toile de Paul Gauguin.

La Bretagne de Mathurin Méheut

Né à Lamballe en 1882, Mathurin Méheut est un artiste aux multiples talents. Il a consacré une grande partie de son œuvre à la représentation de la vie quotidienne, croquant sur le vif paysans, pêcheurs, ouvriers, artisans, pardons et fêtes bretonnes. Ses tableaux et ses dessins constituent un remarquable témoignage sur la Bretagne d'autrefois. Un musée lui est consacré à Lamballe.

L'auberge-pension « Gloanec ». Au 1er rang, 2e à gauche : Paul Gauguin.

L'école de Pont-Aven

En 1886, Paul Gauguin séjourne pour la première fois à Pont-Aven. Séduit par les paysages et les traditions bretonnes, il y reviendra à 5 reprises. Des peintres de différentes nationalités, désireux d'inventer de nouvelles formes d'expression plastique, se regroupent autour de lui et de ses amis Émile Bernard et Paul Sérusier. Ils inventent un nouveau courant pictural, le synthétisme, qui est considéré comme l'origine de l'art moderne. Le petit groupe passera à la postérité sous le nom d'école de Pont-Aven.

Écrivains de Bretagne

La Bretagne est la terre natale de nombreux écrivains, dont quelques-uns sont célèbres. Elle a aussi inspiré bien des auteurs qui ont trouvé la matière de certains de leurs livres dans les paysages et les traditions de la région.

Paysage de la baie de Morlaix.

Chateaubriand le romantique

Fils d'un riche armateur de Saint-Malo, François René de Chateaubriand (1768-1848) passa les 18 premières années de sa vie entre Saint-Malo, sa ville natale, et Combourg, où son père avait acheté un château féodal. C'est là que naquit sa vocation littéraire, tout imprégnée de sa relation passionnée avec la Bretagne. « C'est dans les bois de Combourg que je suis devenu ce que je suis », écrit-il dans ses célèbres *Mémoires d'outre-tombe*, symbole de la littérature romantique. Conformément à ses vœux, Chateaubriand a été inhumé le 18 juillet 1848 sur le rocher du Grand Bé à Saint-Malo.

Chateaubriand (1768-1848).

Les romans de Jules Verne sont traduits dans plus de 80 langues. De quoi faire rêver bien des jeunes aventuriers !

Bénodet

« Je vous aime ce soir où monte la marée
Bateaux de Bénodet à la voile azurée
Pêcheurs de Loctudy dont les filets d'azur
Se confondent avec la mer et le ciel pur »
(Apollinaire, *Le Guetteur mélancolique*).

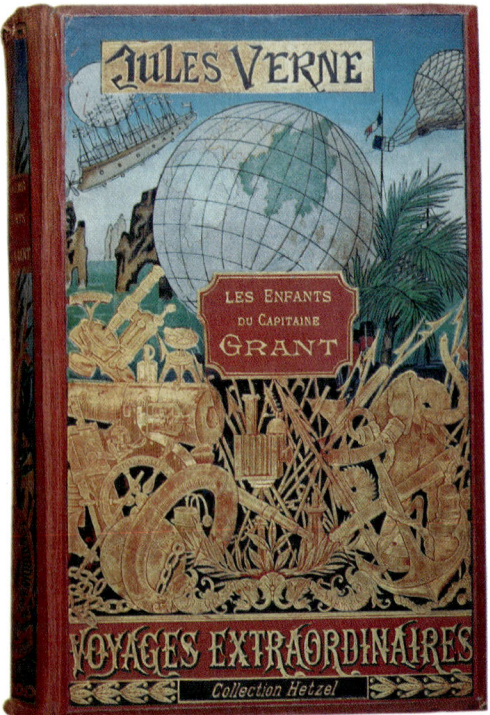

Jules Verne l'aventurier

Né à Nantes en 1828, Jules Verne s'est embarqué comme mousse à l'âge de 11 ans, dans le but d'aller chercher aux Indes un collier de corail pour sa cousine. Rattrapé à Paimboeuf, il promit de « ne plus voyager qu'en rêve » ! Un rêve qui deviendra réalité puisque Jules Verne sera l'un des écrivains les plus célèbres de son temps. L'auteur de *L'Île mystérieuse*, du *Tour du monde en 80 jours*, des *Enfants du capitaine Grant* ou de *20 000 lieues sous les mers* est lu dans le monde entier.

Tristan Corbière le poète maudit

Né au manoir de Coat-Congar, près de Morlaix, Tristan Corbière (1845-1875) a mis au centre de son unique recueil de poèmes *Les Amours jaunes*, son amour de la navigation et des gens de mer. Sur le cotre offert par son père, ancien corsaire, il navigue beaucoup entre Morlaix et Roscoff, le corps perclus de rhumatismes. Les marins le surnomment d'ailleurs l'Ankou (la mort), tant il est contrefait. Il meurt à l'âge de 30 ans, sans connaître la célébrité qui entoure aujourd'hui son œuvre.

Paul Féval alias le Bossu

Le Bossu, alias Lagardère, c'est de lui ! Paul Féval, écrivain né à Rennes en 1816, est passé à la postérité avec ce grand classique du roman de cape et d'épée dont le personnage principal est immortalisé au cinéma par Jean Marais. Mais il a également consacré une partie de son œuvre (pas moins de 200 livres au total !) à la Bretagne, avec *Le Loup blanc*, *Contes de Bretagne* ou *La fée des grèves*.

Affiche de conférences à Morlaix et à Roscoff sur Tristan Corbière, le poète maudit.

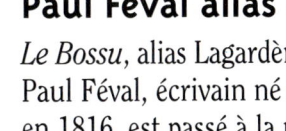

« La Marseillaise des pêcheurs »

La Paimpolaise est sans doute la chanson « bretonne » la plus connue ! Son auteur est Théodore Botrel (1868-1925), qui s'est inspiré pour les paroles du roman de Pierre Loti, *Pêcheur d'Islande*. Le succès est énorme et la chanson, considérée comme « *La Marseillaise* des pêcheurs » fera le tour du monde. Botrel écrira par la suite bien d'autres complaintes qui feront de lui le barde officiel de la Bretagne.

Au pays des légendes

La Bretagne est un formidable pays de contes et de légendes que l'on se racontait autrefois le soir à la veillée. Grâce à la collecte et à l'écriture de cette tradition orale, ces histoires fantastiques ont traversé les siècles pour arriver jusqu'à toi. Bienvenue au royaume des korrigans et des fées !

La Fuite du roi Gradlon par Évariste Luminais.

Sur les traces de Gargantua

Gargantua, le géant glouton immortalisé par Rabelais, a laissé de nombreuses traces de ses séjours en Bretagne, comme en témoignent les sites ou les rochers qui portent son nom. À Pont-Aven, il prit un bain de pieds et oublia son soulier. À Saint-Cast, il créa la pointe de la Garde en vomissant. En faisant pipi, il créa aussi la rade de Paimbœuf. C'est lui aussi qui fit le cap Fréhel en abattant tous les arbres de la forêt qui couvrait l'actuelle baie de la Fresnaye. Il perdit aussi quelques dents ici et là et laissa même un doigt au cap Fréhel !

 La légende de la ville d'Ys

Gouvernée par le roi Gradlon, Ys était protégée de la mer par une digue et des portes de bronze, dont le roi seul avait la clé. Sa fille Dahut, séduite par le diable déguisé en jeune homme, vola pour lui la clé. Le diable ouvrit les portes et la ville fut engloutie par les flots. Le roi Gradlon put s'enfuir avec sa fille, mais dut l'abandonner sur l'ordre de saint Guénolé. La légende rapporte que Dahut serait devenue une sirène qui attire les marins vers leur perte…

Le peuple des korrigans

Héros de nombreux contes populaires bretons, les korrigans sont de petits êtres fantastiques qui vivent sous la terre et font partie du peuple de la nuit. Il y a les kornikaned des bois, les korils des landes, les poulpikans des mares et des marécages et les teuz des habitations. À l'origine, ils vivaient en bonne intelligence avec les hommes jusqu'à ce qu'ils soient rejetés et méprisés. Depuis, ils se cachent dans leur royaume souterrain, en particulier sous les mégalithes, où ils garderaient jalousement de fabuleux trésors. Dotés de nombreux pouvoirs, les korrigans jouent de mauvais tours aux humains pour se venger de leur ingratitude.

La sarabande des korils

Les korils dansent la nuit sur la lande autour d'un grand feu. Leurs rondes laissent dans les prairies des cercles sur lesquels il ne faut surtout pas marcher, car cela porte malheur ! Ils accompagnent leurs danses en énumérant les premiers jours de la semaine. Et gare au voyageur attardé qui passerait par là s'il ne réussit pas à compléter le refrain de la chanson !

L'Ankou

Dans la culture bretonne, il n'y a pas de frontière entre l'au-delà, le visible et l'invisible, le réel et le surnaturel. La mort est représentée par l'Ankou, un squelette armé d'une faux, qui circule la nuit sur un chariot qui grince, ou, sur la côte, dans une barque. Le rencontrer est signe de mort prochaine ! Ces croyances sur l'au-delà ont été recueillies au début du siècle dernier par Anatole Le Braz, grand défenseur de la culture bretonne.

Index

Crédit photographique

Collection personnelle Claude Bailhé : p. 76 (b) ; p. 94 (h) ; p. 95 (b) ; p. 101 (b) ; p. 135 (md) ; p. 154 (bg) ; p. 155 (mg) ; p. 158-159 ; p. 174 (b) ; p. 176 (b) ; p. 178 (md et bg) ; p. 179 (h) ; p. 185 (bg) ; p. 192 (md) ; p. 198 (b) ; p. 200 (g) ; p. 201 (bd) ; p. 202 (m et bg).

Bibliothèque municipale de la ville de Brest : p. 113 (h).

Dominique Chauvet : p. 35 (m).

Colibri : p. 55 (hg) : J.-J. Soin ; p. 66-67 (h) : A. Pons ; p. 112 (b) : F. et J.-L. Ziegler ; p. 134 (mg) : J. Dubois, (md) : V. et M. Miunier, (bg) : D. Fontaine ; p. 135 (hg) : C. Guihard ; p. 136-137 (h) : D. Magnin, (mg et md) : R. Toulouse, (bg) : F. Merlet ; p. 146 (h) : Ch. Testu, (b) : J.-A. Mayet ; p. 147 (h) : Ch. Testu, (m) : J. Joannet, (b) : M. Queral ; p. 149 (mg et md) : L. Chocat ; p. 150 (hg) : C. Guihard ; p. 151 (hg) : J.-M. Prenot, (hd) : P. Roger, (mg) : J.-L. Paumard, (md) : B. Palusinski, (b) : J.-L. Ermel ; p. 154 (md) : J.-M. Prevot, (bd) : S. Breal ; p. 155 (hd) : A.-M. Loubsens, (bd) : A. Auriscoste.

Maryline Gatepaille : p. 210-211 (h).

Gernot – Brest : p. 189 (bd et bg) ; p. 191 (mg) ; p. 199 (h) ; p. 206 (hg, bd et bg).

Dominique Guillaume : p. 127 (h) ; p. 170 (h) ; p. 174-175 (h) ; p. 175 (hd, m et bd) ; p. 177 (mg, md et b) ; p. 178 (h) ; p. 179 (mg) ; p. 182 ; p. 183 (h) ; p. 185 (d).

Jean-Yves Guillaume : p. 12 ; p. 13 (hd) ; p. 14 ; p. 15 (m) ; p. 16-17 ; p. 19 (h) ; p. 22 ; p. 26 ; p. 27 (h) ; p. 30-31 ; p. 32-33 ; p. 37 (h et m) ; p. 43 ; p. 44 (h) ; p. 45 (hd) ; p. 59 ; p. 61 (b) ; p. 68 ; p. 69 ; p. 70 ; p. 76 (h) ; p. 77 (h) ; p. 84 (bg) ; p. 85 ; p. 86-87 (h) ; p. 86 (m et b) ; p. 87 (m et b) ; p. 90 (m) ; p. 91 (hd) ; p. 92-93 (h) ; p. 95 (h et m) ; p. 96 (h) ; p. 97 (m) ; p. 98 (b) ; p. 100-101 (h) ; p. 102 ; p. 105 (m) ; p. 107 ; p. 110 (md et bg) ; p. 111 (hd) ; p. 112 (h) ; p. 113 (b) ; p. 114-115 ; p. 118 ; p. 119 ; p. 126 (hd et bg) ; p. 130 ; p. 133 (md et bd) ; p. 134 (h) ; p. 135 (mg) ; p. 141 ; p. 148 (g) ; p. 149 (hd) ; p. 156 (h) ; p. 160-161 ; p. 163 (m) ; p. 165 ; p. 168 ; p. 169 (b) ; p. 170 (b) ; p. 171 (b) ; p. 180-181 (h) ; p. 188 (b) ; p. 189 (mg) ; p. 190 (b) ; p. 191 (d) ; p. 196 ; p. 198 (md) ; p. 199 (bg) ; p. 200 (h et b) ; p. 201 (hd, hg et bg) ; p. 202 (h) ; p. 203 ; p. 204 (hg et bg) ; p. 205 (md et bd).

Éric Guillemot : p. 13 (bm et bd) ; p. 23 (h) ; p. 25 ; p. 61 (h) ; p. 72 (m et b) ; p. 73 (m et b) ; p. 78 (h) ; p. 83 (md, mg et b) ; p. 101 (m) ; p. 117 (hd) ; p. 123 (bd) ; p. 124 (h) ; p. 128 (hg et bg) ; p. 129 (m et bd) ; p. 148 (d) ; p. 162 (m et b) ; p. 163 (hd et bd) ; p. 164 (h et b) ; p. 166 (h) ; p. 167 (bg) ; p. 169 (mg) ; p. 177 (h).

Gilles Larby : p. 169 (hd).

Pierre Lenormand : p. 128 (m).

Collection personnelle Henri Leray : p. 78-79 (b) ; p. 111 (m et b) ; p. 163 (hg) ; p. 189 (h) ; p. 194 (b).

Magasins Édouard Leclerc : p. 171 (h).

Marine nationale : p. 112 (m).

Patrice Massacret : p. 15 (b).

Musée de l'Affiche de Locronan : p. 113 (m) ; p. 164 (m) ; p. 169 (md) ; p. 193 (hg) ; p. 194 (h) ; p. 198 (hg) ; p. 199 (md) ; p. 206 (md) ; p. 211 (md et bd) ; p. 213 (md et bd).

Musée de Bretagne – Rennes : p. 125 (hd) : A. Amet ; p. 184-185 (h) : Alain Amet, (m et b) : J.-C. Houssin ; p. 191 (hg) : J.-C. Houssin.

Musée du Château – Ville de Nantes : p. 125 (hg) ; p. 167 (hg).

Musée de la Compagnie des Indes de Lorient : p. 124 (m et b).

Musée départemental breton de Quimper : p. 190-191 (h).

Musée de la Résistance bretonne – Saint-Marcel – Malestroit : p. 195 (hd, md et b).

Musée de la ville de Brest : p. 104-105 (b). *Le Port de Brest en 1774*, peinture de L.N. Van Blarenberghe. Photo de J. Bocoyran.

Parc naturel régional d'Armorique : p. 109 (bm) : album de photos de Mlle Duchemin.

Elsa Pigeat : p. 140 (md).

Michel Plassart : p. 167 (hd).

PLEG : p. 20 ; p. 24 (h) ; p. 27 (m) ; p. 72 (hg) ; p. 73 (hg) ; p. 78 (m et b) ; p. 79 (md) ; p. 80 ; p. 82 (b) ; p. 88 ; p. 108 (d) ; p. 129 (h) ; p. 132-133 (h) ; p. 132 (bg) ; p. 133 (mg) ; p. 152 ; p. 157 (md, bg et bd) ; p. 162 (h) ; p. 166 (md, mg et bd) ; p. 172 ; p. 186 ; p. 188 (h) ; p. 189 (md).

Table des illustrations